L'HOMME QUI MIT FIN À L'HISTOIRE

KEN
LIU

L'HOMME QUI MIT FIN À L'HISTOIRE : UN DOCUMENTAIRE

UNE
HEURE
LUMIÈRE

Le Bélial'

Du même auteur
chez le même éditeur

La Ménagerie de papier (2015) - Grand Prix de l'Imaginaire 2016
Le Regard (2017)
Jardins de poussière (2019)
Toutes les saveurs (2021)

Si vous voulez être tenu au courant de nos publications,
écrire aux auteurs, illustrateurs, ou recevoir un
bon de commande complet, deux adresses :

Le Bélial'
35 avenue de la Gare
77250 Moret-Loing-et-Orvanne
France

ou

www.belial.fr

venez discuter avec nous sur http://forums.belial.fr

Traduit de l'anglais (États-Unis) par Pierre-Paul Durastanti

« Une heure-lumière », collection dirigée par Olivier Girard

Akemi Kirino, directrice scientifique des Laboratoires Feynman :

[Le professeur Kirino, la petite quarantaine, possède le genre de beauté qui ne demande guère de maquillage. En y regardant de près, on voit quelques mèches blanches parmi ses cheveux noirs.]

Chaque nuit, quand on sort admirer les étoiles, on baigne dans la lumière, mais aussi dans le temps.

Et donc, regarder l'étoile de la constellation de la Balance appelée Gliese 581, c'est la voir comme elle apparaissait il y a vingt ans, puisqu'elle se situe à vingt années-lumière d'ici. Quelqu'un dans ses parages qui disposerait d'un télescope assez puissant pointé vers ici nous verrait, Evan et moi, nous promener sur le Harvard Yard quand on était étudiants de troisième cycle.

[Tandis que la caméra zoome vers la mappemonde posée sur sa table, le Pr Kirino désigne le Massachussets, puis elle marque une pause pour réfléchir. Un travelling arrière démarre, qui amenuise le globe terrestre, comme si nous le quittions.]

Nos meilleurs télescopes voient 13 milliards d'années en arrière. Fixez-en un sur une fusée s'éloignant de la Terre plus vite que la lumière — j'y reviendrai —, braquez-le vers nous, et pour vous l'histoire de l'humanité se déroule à l'envers. L'image de tout ce qui s'y produit émane de notre planète sous la forme d'une sphère lumineuse en expansion constante. Il suffit de contrôler la distance qu'on atteint pour déterminer en quelle année on remonte.

[La caméra continue de reculer, par la porte ; le globe et le Pr Kirino, de rapetisser. Le long couloir où nous nous engageons à rebours baigne dans une obscurité totale au sein de laquelle cette porte ouverte figure un rectangle de lumière vive qui encadre la mappemonde et la femme.]

À cette distance, vous verrez le visage peiné du prince Charles alors qu'on restitue enfin Hong Kong à la Chine. À celle-ci, vous assisterez à la capitulation du Japon sur l'*USS Missouri*. À celle-là, vous observerez Dame Murasaki en train d'achever le premier chapitre du *Dit du Genji*. Si vous poursuivez votre chemin, vous atteindrez puis dépasserez les débuts de la civilisation.

Mais le passé se consume sous nos yeux. Les photons pénètrent par la lentille, frappent une surface d'imagerie — votre rétine, une pellicule, un senseur numérique — et enfin disparaissent, stoppés net. Si vous regardez, mais que, faute d'attention, un moment spécifique vous échappe, vous ne pouvez aller plus loin pour le retrouver. Le voilà effacé de l'univers, à jamais.

[Des ombres jouxtant l'entrée du bureau un bras surgit, qui claque la porte. L'obscurité engloutit le Pr Kirino, le

globe terrestre et le rectangle de clarté. L'écran reste noir pendant quelques secondes, avant le générique de début.]

Remembrance Films HK LtD.
en association avec
Yurushi Studios

présente

a Heraclitus Twice Production

L'HOMME QUI MIT FIN À L'HISTOIRE

Ce film a été interdit par le ministère de la Culture de la République populaire de Chine et ne sort qu'en dépit des vigoureuses protestations du gouvernement japonais.

Akemi Kirino :
[Nous revoici dans la lumière chaleureuse de son bureau.]

Faute de pouvoir dépasser la vitesse de la lumière, utiliser un télescope dans l'espace pour voir le passé nous demeure inaccessible. Mais nous avons trouvé le moyen de tricher.

Les théoriciens se doutent depuis longtemps qu'à tout instant, le monde qui nous entoure explose littéralement de particules subatomiques nouvellement créées d'un type bien précis, appelées désormais particules de Bohm-Kirino. Mon apport au domaine de la physique s'est limité à confirmer leur existence et à découvrir qu'elles se présentent toujours par paires. L'un des deux composants s'éloigne de la Terre à la vitesse de la lumière sur le photon qui l'a engendré alors que l'autre reste en arrière à osciller dans le voisinage de sa création.

Les paires de particules de Bohm-Kirino manifestent une intrication quantique qui les unit : quelle que soit la distance les séparant, elles possèdent des propriétés liées, comme si elles ne constituaient que deux aspects d'un même système. Effectuez une mesure sur l'un des membres de la paire, ce qui réduit le paquet d'onde, et vous connaîtrez aussitôt l'état de l'autre, même s'il se trouve à des années-lumière.

Par ailleurs, on connaît le taux de dégradation de leurs niveaux d'énergie. Régler la sensibilité du champ détecteur permet ainsi de capturer et mesurer des particules de Bohm-Kirino d'un âge spécifique créées dans un lieu spécifique.

Mesurer la particule locale d'une paire intriquée équivaut à mesurer sa jumelle intriquée qui peut, en compagnie de son photon hôte, se situer à des trillions de kilomètres, donc à des décennies dans le passé. Par le biais de mathématiques complexes mais classiques, cette mesure nous permet de calculer et d'inférer l'état du photon hôte. Toutefois, comme chaque mesure sur une paire intriquée, on ne peut l'effectuer qu'une fois, après quoi l'information disparaît à jamais.

Autrement dit, on dispose d'un moyen de positionner un télescope aussi loin de la Terre, et aussi loin dans le passé, qu'on le souhaite. Vous pouvez revoir votre mariage, votre premier baiser, votre naissance à votre guise, mais une fois, et une seule, pour chacun de ces moments révolus.

Images d'archives : 18 septembre 20XX. Avec la permission de l'APAC Broadcasting Corporation

[La caméra nous montre une fabrique désaffectée de la banlieue de Harbin, dans la province de Heilongjiang, en Chine, qui ressemble à toute autre usine chinoise aux prises avec une nouvelle baisse de l'activité industrielle au cours des terribles soubresauts qui affectent le pays : délabrée, silencieuse, poussiéreuse, ses portes et fenêtres barrées de planches. Samantha Paine, la journaliste, porte un bonnet et une écharpe de laine. Les joues rougies de froid, elle a les yeux fatigués. Tandis qu'elle s'exprime d'une voix posée, la vapeur de son souffle s'enroule devant sa figure.]

Samantha : Ce même jour en 1931, près de Shenyang, ici en Mandchourie, éclatait la Seconde Guerre sino-japonaise. Pour les Chinois, il s'agissait du début de la Seconde Guerre mondiale, plus d'une décennie avant l'implication des États-Unis.

Nous sommes à la périphérie de Harbin, dans le district de Pingfang. Même si ce nom n'évoque rien à la plupart des Occidentaux, certains n'hésitent pas à surnommer ce lieu l'« Auschwitz d'Asie ». L'Unité 731 de l'Armée impériale japonaise y a mené durant la guerre d'atroces expériences sur des milliers de Chinois et Alliés captifs pour permettre au Japon de créer des armes biologiques et de conduire des recherches sur les limites de l'endurance humaine.

Dans ces locaux, des médecins militaires japonais ont tué des milliers de Chinois et d'Alliés par le biais d'expériences médicales, essais d'armements, vivisections, amputations et autres tortures systématiques. À la fin de la guerre, l'armée nippone qui battait en retraite a supprimé les derniers prisonniers et brûlé le complexe, ne laissant derrière elle que la carcasse du bâtiment administratif et les fosses utilisées pour élever des rats porteurs de maladies. Il n'y a eu aucun survivant.

Les historiens estiment qu'entre deux et cinq cent mille Chinois, presque tous des civils, ont été tués par les armes bactériologiques et chimiques mises au point ici et dans des laboratoires annexes : anthrax, choléra, peste bubonique. À l'issue de la guerre, le général MacArthur, commandant en chef des forces Alliées, a préservé les membres de l'Unité 731 de toute poursuite judiciaire pour crimes de guerre afin de récupérer les résultats de leurs expériences et de soustraire lesdites données à l'Union Soviétique.

Aujourd'hui, à part un petit musée voisin qui ne reçoit guère de visiteurs, il subsiste peu de preuves visibles de ces atrocités. À la lisière d'un champ désert, un tas de ruines marque l'emplacement de l'incinérateur qui servait à détruire les corps des victimes. On a édifié l'usine derrière moi sur les fondations d'un entrepôt où l'Unité 731 stockait des fournitures de bactériologie. Avant de fermer lors de la dernière crise économique, elle fabriquait des moteurs de mobylette pour une entreprise commune sino-japonaise à Harbin. Enfin, funeste écho du passé, plusieurs sociétés pharmaceutiques se sont discrètement implantées autour du site de l'ancien quartier général de l'Unité 731.

Les Chinois veulent peut-être oublier cette partie de leur histoire et passer à autre chose. Dans ce cas, sans doute le reste du monde en fera-t-il autant.

Mais pas si Evan Wei s'en mêle.

[Alors que Samantha poursuit son commentaire, défile un montage de photos d'Evan Wei donnant cours à une classe et posant devant des machines complexes en compagnie du professeur Kirino. Sur ces clichés, tous deux semblent âgés d'une vingtaine d'années.]

Le professeur Evan Wei, historien sino-américain spécialisé dans le Japon classique, entend bien focaliser l'attention du monde sur les victimes de l'Unité 731 et leurs souffrances. Avec sa femme, le professeur Akemi Kirino, physicienne expérimentale nippo-américaine renommée, ils ont mis au point une technique controversée qui, selon eux, permet aux gens de voyager dans le passé et de revivre des événements. Il doit effectuer aujourd'hui une démonstration publique en retournant en 1940, au plus fort des activités de l'Unité 731, afin de témoigner des atrocités commises par celle-ci.

Le gouvernement japonais, qui estime que la Chine fait là œuvre de propagande, a vigoureusement protesté auprès de Beijing pour avoir autorisé cette expérience. Citant dans sa plainte virulente des principes de droit international, le Japon soutient que la Chine ne saurait parrainer une expédition dans le Harbin de la Seconde guerre mondiale, car la ville était alors sous le contrôle du Mandchoukouo, un régime fantoche inféodé à l'Empire japonais. La Chine a rejeté les arguments du Japon et qualifié la démonstration de « fouille d'un patrimoine national ». Elle affirme son droit de propriété sur tout enregistrement audiovisuel du voyage dans le passé projeté par le professeur Wei au titre des lois chinoises régissant l'exportation des antiquités.

Selon le Pr Wei, son épouse et lui-même mènent cette expérience en tant que citoyens américains, sans aucun rapport avec un quelconque gouvernement. Ils ont demandé au consul général des États-Unis, dans la localité avoisinante de Shenyang, ainsi qu'à des représentants des Nations-Unies, d'intervenir pour protéger leur action de toute ingérence officielle. L'issue de cet imbroglio reste incertaine.

Pendant ce temps, de nombreux groupes en Chine comme à l'étranger, favorables comme opposés au Pr Wei, se sont rassemblés afin de manifester. La Chine a mobilisé des milliers de policiers antiémeutes pour empêcher la venue de ces manifestants dans le district de Pingfang.

Restez à l'écoute et nous vous tiendrons informés de la suite des événements en cette occasion historique. C'était Samantha Paine, pour l'APAC.

Akemi Kirino :

Pour vraiment voyager dans le temps, il nous faut franchir un dernier obstacle.

Les particules de Bohm-Kirino permettent de recréer, en détail, les informations de tous types autour du moment de leur création : la vision, le son, les micro-ondes, l'ultrason, l'odeur de l'antiseptique et du sang, le piquant de la cordite et de la poudre au fond des narines.

Mais cela représente une masse d'informations colossale, même pour une seule seconde. On n'avait aucun moyen de la stocker, sans parler de la traiter en temps réel. La quantité de données rassemblées pour quelques minutes aurait saturé tous les serveurs de Harvard. On pouvait ouvrir une porte sur le passé, mais on ne verrait rien dans le tsunami de bits qui en jaillirait.

[Derrière le professeur se trouve une machine qui évoque une unité d'IRM. Kirono s'écarte afin de laisser la caméra zoomer lentement dans le tunnel où le volontaire s'introduit durant le processus. Tandis que le point de vue se déplace peu à peu vers la lumière au fond du tunnel, la voix continue hors-champ.]

Avec le temps, nous aurions peut-être trouvé une solution pour stocker les données, mais Evan, lui, estimait qu'on ne pouvait pas attendre : les familles des victimes vieillissaient, disparaissaient, il n'y aurait bientôt plus de témoins directs de la Guerre et il nous incombait d'offrir aux parents survivants les réponses dont nous disposerions.

J'ai donc conçu l'idée d'utiliser le cerveau humain pour traiter les informations obtenues par les détecteurs Bohm-Kirino. Les capacités du cerveau au traitement en parallèle de masse, le substrat de la conscience, se sont révélées très efficaces pour filtrer et traduire le torrent de données issu des détecteurs. Il pouvait recevoir les signaux électriques bruts, en rejeter 99,99%, transformer le reste en images, en sons, en odeurs, leur trouver du sens et enfin les enregistrer sous la forme de souvenirs.

Ça ne devrait pas nous surprendre. Il effectue cette tâche à chaque instant de notre vie. Les signaux bruts de nos yeux, nos oreilles, notre peau et notre langue surchargeraient n'importe quel superordinateur ; mais pourtant, de seconde en seconde, notre cerveau échafaude la conscience de notre existence à partir de tout ce bruit.

J'ai écrit dans *Nature* : « Pour nos sujets volontaires, le processus crée l'illusion de vivre le passé, comme si on se trouvait à cet endroit, en cette époque. »

Je regrette fort d'avoir parlé d'« illusion ». Mon mauvais choix de mot a pris une importance disproportionnée. Il en va ainsi de l'histoire : sur le moment, les décisions vraiment importantes semblent futiles.

Oui, le cerveau reçoit les signaux et s'en sert pour créer une narration, mais le résultat n'a rien d'illusoire, ni dans le passé, ni dans le présent.

Archibal Ezary, professeur de droit, titulaire de la chaire Radhabinod Pal, codirecteur des Études d'Asie de l'Est, Faculté de droit de Harvard :

[Ezary présente un visage serein que démentit l'intensité de son regard. Il adore délivrer des exposés, non parce qu'il aime s'écouter, mais parce qu'il espère découvrir quelque chose de nouveau à chaque explication.]

La controverse entre la Chine et le Japon sur le travail de Wei il y a vingt ans n'avait rien de très neuf. Savoir qui devrait contrôler le passé nous interpelle, sous une forme ou une autre, depuis longtemps. L'invention du Procédé Kirino a fait du combat pour la maîtrise du passé un problème réel et non simplement métaphorique.

Outre sa dimension spatiale, chaque état en possède une autre, temporelle. Il s'agrandit et se réduit au fil du temps, assujettit des peuples et parfois libère leurs descendants. On tient le Japon d'aujourd'hui pour constitué seulement de son archipel, mais à son apogée, en 1942, il englobait la Corée, l'essentiel de la Chine, Taïwan, les îles Sakhaline, les Philippines, le Vietnam, la Thaïlande, le Laos, la Birmanie, la Malaisie et une grande partie de l'Indonésie, ainsi que bon nombre d'îles du Pacifique. L'héritage de cette époque continue de façonner l'Asie, encore aujourd'hui.

L'un des problèmes les plus fastidieux qu'engendre le processus violent et instable par lequel les états s'étendent et se rétractent s'énonce de la sorte : puisque la maîtrise d'un territoire passe d'une souveraineté à l'autre au gré du temps, sous quelle juridiction doit se trouver le passé du territoire en question ?

Avant l'expérience d'Evan Wei, la juridiction sur le passé n'empiétait guère dans le réel : on se demandait, au pire, si c'était à l'Espagne ou aux États-Unis de récupérer le trésor d'un galion espagnol du XVIe siècle naufragé dans les eaux américaines actuelles, voire à la Grèce ou à l'Angleterre de conserver les marbres du Parthénon. Les enjeux se révèlent désormais beaucoup plus élevés.

Le Harbin de 1931 à 1945 est-il donc un territoire du Japon comme l'affirme le gouvernement de ce pays, ou de la Chine comme le soutient la République populaire ? À moins qu'on ne doive tenir le passé pour un bien commun administré par les Nations-Unies au bénéfice de l'humanité entière ?

La position chinoise recevrait l'appui de la majeure partie de l'Occident — on peut comparer le point de vue japonais à celui d'une Allemagne prétendant qu'un voyage éventuel vers Auschwitz-Birkenau entre 1939 et 1945 devra recevoir son accord — si son tenant n'était la République populaire, paria aux yeux de ce même Occident. Vous voyez comment le présent et le passé vont s'étrangler mutuellement.

De plus, derrière les positions japonaise et chinoise, il y a un sous-entendu : attribuer la souveraineté sur le Harbin de la Seconde Guerre mondiale à la Chine ou au Japon entraînerait nécessairement que la République populaire ou le gouvernement japonais constitue la bonne autorité pour exercer cette souveraineté de nos jours. Or, cela n'a rien de si évident. Les deux camps ont du mal à le démontrer.

En premier lieu, face aux demandes de compensations de la Chine pour les atrocités commises en temps de guerre, le Japon a toujours argué que son incarnation actuelle, fondée sur sa Constitution rédigée par les États-Unis, ne saurait être tenue pour responsable, car il estime que ces revendications regardent son prédécesseur, l'Empire du Japon, et qu'elles ont été résolues par le traité de San Francisco et d'autres accords bilatéraux. Mais, dans ce cas, le fait que le Japon d'aujourd'hui affirme sa souveraineté sur la Mandchourie d'alors, tandis qu'il rejetait toute responsabilité envers elle jusqu'à maintenant, présente certaines incohérences.

La République populaire n'est pas tirée d'affaire pour autant. En 1932, quand les forces nippones ont annexé la Mandchourie, celle-ci ne dépendait que nominalement de la République de Chine — l'entité que nous considérons désormais comme la Chine « officielle » pendant la Seconde Guerre mondiale —, et la République populaire de Chine, elle, n'existait même pas. Au cours de la guerre, la résistance armée à l'occupant japonais en Mandchourie venait bien des guérillas han, mandchoue et coréenne pilotées par des communistes chinois et coréens, mais ces mouvements ne se situaient pas sous l'égide réelle du Parti communiste chinois que dirigeait

Mao, et ils n'ont, par conséquent, joué qu'un rôle mineur dans la fondation ultérieure de la République populaire.

Pourquoi estimer que le gouvernement actuel du Japon ou de la Chine possède la moindre souveraineté sur le Harbin d'alors ? La République de Chine, qui de nos jours siège à Taipei sous le nom de Taïwan, n'est-elle pas plus fondée à l'obtenir ? Ou peut-être faudrait-il invoquer une « Autorité historique provisoire de Mandchourie » qui endosserait cette juridiction ?

Nos doctrines concernant la succession des états, dérivées du modèle westphalien, n'ont aucune aptitude à régler les problèmes soulevés par les expériences du Pr Wei.

La froide complexité de ces débats est intentionnelle. La « souveraineté », la « juridiction » et autres termes du même genre ont toujours représenté des moyens commodes pour permettre aux gens d'échapper à leur responsabilité ou de rompre des liens inopportuns. On déclare l'« indépendance », et le passé tombe dans l'oubli ; la « révolution » survient, et on fait table rase des souvenirs et des dettes de sang ; on signe un traité, et l'histoire passe à la trappe. La vraie vie obéit à des schémas différents.

Quelque regard qu'on pose sur la logique scélérate qui se voit conférer la dignité de « droit international », le fait est que le peuple qui se qualifie de japonais aujourd'hui est lié à celui qui se faisait appeler ainsi dans la Manchourie de 1937, et que le peuple qui se qualifie de chinois aujourd'hui est lié à celui qui se faisait appeler ainsi en ce lieu, à cette époque. Voilà la difficile réalité ; on doit s'en accommoder.

Au long de notre histoire, nous n'avons fait fonctionner le droit international qu'en tablant sur le silence du passé, mais le Pr Wei lui a donné voix et il a ressuscité nos souvenirs défunts. Quel rôle éventuel voudra-t-on attribuer à ces voix du passé dans notre présent ? À nous d'en décider.

Akemi Kirino :

Evan m'a toujours appelée *Tóngye Míngmei* ou seulement *Míngmei* — les transcriptions en mandarin des kanji utilisés pour écrire mon nom (桐野明美). Bien qu'il s'agisse de la façon habituelle de prononcer les noms japonais en chinois, je n'ai jamais laissé cette latitude à un autre Chinois.

Selon ce qu'il m'a expliqué, dire mon nom ainsi l'aidait à se le représenter sous la forme des vieux caractères qui sont l'héritage partagé de la Chine et du Japon, et donc de garder leur signification à l'esprit. Il m'exposait son point de vue en ces termes : « Le son d'un nom ne t'apprend rien sur la personne, contrairement aux caractères. »

Mon nom, c'était la première chose qu'il avait aimée chez moi.

« Un paulownia seul dans un champ, beau et lumineux », m'a-t-il dit lorsqu'il a fait ma connaissance lors d'une soirée à l'École supérieure des arts et des sciences.

Des années auparavant, mon grand-père m'avait expliqué mon nom dans ces termes, lorsque, toute petite, j'apprenais avec lui à l'écrire. Un paulownia est un joli arbre à feuilles caduques. Dans le Japon ancien, la coutume voulait qu'on en plante un quand une fille venait au monde et qu'on utile le bois à fabriquer une commode pour son trousseau quand elle se mariait. Je me rappelle la fois où il m'a montré celui qu'il avait planté le jour de ma naissance : j'ai dit que je ne lui trouvais rien d'extraordinaire.

« Et pourtant le paulownia est le seul arbre sur lequel un phénix se posera », a répondu mon grand-père en caressant mes cheveux, doucement, lentement, comme j'aimais. J'ai hoché la tête, ravie d'avoir un arbre aussi extraordinaire en guise de nom.

Jusqu'à ce qu'Evan me parle, je n'avais plus pensé à cette journée avec mon grand-père depuis des années.

Il m'a demandé : « Vous avez trouvé votre phénix ? » Et il m'a proposé de sortir avec lui.

Evan n'était pas timide, à la différence de la plupart des Chinois que je connaissais. J'adorais l'écouter, d'autant que sa vie le comblait, une rareté chez les étudiants de troisième cycle qui le rendait agréable à fréquenter.

Qu'on se plaise m'a paru naturel. Venus petits aux États-Unis, on savait ce que signifiait grandir en étrangers tâchant de devenir américains. Ça nous aidait à apprécier les défauts de l'autre, ces aspects de nos personnalités respectives qui gardaient leur côté « fraîchement débarqué ».

Mon aisance avec les statistiques, les chiffres, les aspects « concrets » de la vie le laissait de marbre. Certains de mes petits amis d'autrefois m'avaient dit que mon intérêt pour le quantifiable, pour la logique des mathématiques, me faisait paraître froide, peu féminine. Me débrouiller mieux que la plupart d'entre eux pour utiliser les outils électriques, talent nécessaire à la physique expérimentale, n'aidait guère. Evan était le seul homme capable de s'en remettre à moi quand je lui disais m'en tirer mieux que lui pour effectuer une tâche requérant une aptitude à la mécanique.

Je ne garde que de vagues souvenirs de la cour qu'il m'a faite, des souvenirs patinés par la dorure du sentiment, mais ils sont tout ce qu'il me reste. Si on me permet de réutiliser ma machine un jour, je voudrais retourner à cette époque.

J'aimais aller en voiture avec lui séjourner dans des pensions de famille du New Hampshire pour cueillir des pommes. J'aimais le voir m'adresser un sourire idiot lorsque je cuisinais des plats tout simples tirés d'un livre de recettes. J'aimais marcher à ses côtés le matin et me sentir heureuse d'être une femme. J'aimais qu'il campe sur ses positions s'il avait raison et cède avec élégance s'il avait tort au cours de nos discussions enfiévrées. J'aimais qu'il se range de mon côté lorsque je me disputais avec d'autres et qu'il m'appuie jusqu'au bout même s'il estimait que je me trompais.

Mais le mieux, c'était quand il me parlait de l'histoire du Japon.

Il m'a en fait communiqué un intérêt pour le Japon que je ne possédais pas jusqu'alors. Au fil de mon enfance, sitôt qu'on découvrait que j'étais japonaise, on décidait que je m'intéressais aux *animes*, que j'adorais le karaoké et que je riais dans mes mains en coupe. Surtout, les garçons espéraient que je réalise leurs fantasmes érotiques orientaux. Ça m'épuisait. Adolescente, je me suis révoltée, refusant de faire quoi que ce soit de « japonais », y compris de le parler à la maison. Imaginez la détresse de mes pauvres parents.

Dans la bouche d'Evan, l'histoire du Japon, au lieu d'une suite de dates et de mythes, devenait une illustration des principes scientifiques incarnés dans l'humanité ; et au lieu de concerner les empereurs et les généraux, les poètes et les moines, elle représentait un modèle qui démontrait la façon dont toutes les sociétés humaines croissent et s'adaptent à la nature tandis que l'environnement, de son côté, s'adapte à leur présence.

Chasseurs-cueilleurs, les Jomons préhistoriques trônaient au sommet de la chaîne alimentaire ; paysans autosuffisants, les Japonais des époques de Nara et de Heian ont entrepris de transformer l'écologie du pays en un biote symbiotique homocentrique, processus qui n'arriverait à terme qu'avec l'agriculture intensive et la croissance démographique du Japon féodal ; enfin, industriels, entrepreneurs, les habitants du Japon impérial ont commencé d'exploiter non seulement le biote vivant, mais aussi le biote défunt : la recherche de sources fiables d'énergies fossiles allait dominer l'histoire du Japon moderne, comme celle du monde moderne. Nous voici tous exploiteurs des morts.

La structure superficielle des règnes des empereurs et des dates des batailles évacuée, subsistait le rythme profond du flux et du reflux de l'histoire incarnée non dans les actes des grands hommes, mais dans les vies d'hommes et de femmes ordinaires pataugeant dans les courants du monde naturel alentour : sa géologie, ses saisons, son climat, son écologie, l'abondance et la rareté du matériau brut de l'existence. Le genre d'histoire susceptible de plaire aux physiciens.

Le Japon était unique et universel à la fois. Evan m'a donné conscience du rapport que j'entretenais avec les gens qui se disaient japonais depuis des millénaires.

Toutefois, l'histoire ne se résumait en rien aux schémas sous-jacents et au long présent. Il existait aussi un temps et un lieu sur lesquels les individus pouvaient laisser un impact tout particulier. Evan avait choisi comme spécialité l'époque de Heian, parce que, selon lui, le Japon était alors devenu *le Japon*. Une élite de cour incluant au plus quelques milliers de personnes avait transmué des influences continentales en un idéal esthétique purement indigène, purement japonais, qui se propagerait au fil des siècles et définirait jusqu'à nos jours ce qu'être japonais signifiait. La culture du Japon de Heian, une singularité parmi les sociétés antiques, reflétait une influence féminine au même titre que masculine, un âge d'or aussi charmant qu'il était invraisemblable et impossible à rééditer. C'était ce genre de surprise qui faisait qu'Evan adorait l'histoire.

Inspirée par son exemple, j'ai ajouté à mon programme l'histoire du Japon, puis prié mon père de m'enseigner la calligraphie. J'ai vécu un regain d'intérêt dans mes cours de Japonais renforcé et appris à écrire des *tankas*, ces poèmes minimalistes, très épurés, qui obéissent à une métrique aussi stricte que mathématique. Quand ma tentative initiale m'a enfin satisfaite, j'ai connu un bonheur intense et je suis sûre que j'ai, l'espace d'un instant, éprouvé le même sentiment que Murasaki Shikibu lorsqu'elle a fini son premier tanka. Plus de mille ans et de dix mille kilomètres nous séparaient, mais, à ce moment précis, nous nous serions compris l'une l'autre, sans aucun doute.

En me rendant fière d'être japonaise, Evan contribuait à ce que je m'apprécie davantage. C'est ainsi que j'ai réalisé que je l'aimais.

Li Jianjian, directeur du magasin Sony de Tianjin :

La guerre est finie depuis longtemps. Il faut passer à autre chose. Ça sert à quoi de déterrer de pareils souvenirs ? Les investissements japonais en Chine bénéficient à l'emploi et tous les jeunes Chinois adorent la culture japonaise. Que le Japon refuse de nous présenter des excuses me déplaît, mais qu'y faire ? Si on s'attarde là-dessus, on ne ressentira que de la colère et de la tristesse.

Song Yuanwu, serveuse :

Je l'ai lu dans les journaux. Que le Pr Wei n'est pas chinois, qu'il est américain. Les Chinois connaissent tous l'Unité 731. Ça n'a rien d'une grande nouvelle pour nous.

Je ne veux pas y penser. De jeunes imbéciles crient qu'on devrait boycotter les produits japonais, mais se ruent sur le dernier manga. Pourquoi devrais-je les écouter ? Ça ne fait que contrarier les gens sans rien accomplir d'utile.

Anonymat préservé, cadre supérieur :

En fait, les tués, ici à Harbin, étaient pour l'essentiel des paysans. Ces gens-là crevaient comme des mouches à cette époque dans la Chine entière. Durant les guerres, il se passe des trucs atroces, voilà tout.

Ce que je vais dire va me faire détester, mais beaucoup de gens sont morts pendant la Grande famine sous le président Mao, puis durant la Révolution culturelle. La Guerre, c'était bien triste, mais les Chinois ont beaucoup de raisons d'être tristesses. On ne prend pas le deuil de la plupart des chagrins du pays. Ce Pr Wei est un fauteur de troubles et un imbécile. On ne peut ni manger, ni boire, ni porter les souvenirs.

Nie Liang et Fang Rui, étudiants :

Nie : Je me réjouis que Wei ait fait son travail. Le Japon n'a jamais regardé sa propre histoire en face. Si les Chinois savent tous que ces choses-là ont eu lieu, les Occidentaux l'ignorent et ils s'en moquent. Maintenant qu'ils connaissent la vérité, ils feront peut-être pression sur le Japon pour qu'il s'excuse.

Fang : Attention, Nie. Quand les Occidentaux verront ce film, ils te traiteront de *fenqing* et de nationaliste décérébré. À l'Ouest, on aime le Japon, beaucoup moins la Chine. Les Occidentaux ne veulent pas la comprendre. Peut-être qu'ils ne peuvent pas. Nous n'avons rien à dire à ces journalistes. Ils ne nous croiront pas, de toute façon.

Sun Maying, employée de bureau :

Je ne sais pas qui est Wei et je m'en fiche.

Akemi Kirino :

Avec Evan, on voulait aller au cinéma ce soir-là. Comme il ne restait plus de place pour la comédie romantique qu'on voulait, on a choisi la séance qui débutait le plus tôt ensuite. Le film s'intitulait *Philosophie d'un couteau.* On n'en avait pas entendu parler, ni lui ni moi. Ce qui nous importait, c'était de passer du temps ensemble.

Nos vies dépendent de ces petits instants, ordinaires en apparence, qui se révèlent avoir des effets monumentaux. Ce caractère aléatoire est beaucoup plus répandu dans le quotidien des gens que dans la nature et, en ma qualité de physicienne, jamais je n'aurais pu prévoir ce qui allait se produire.

[Des scènes de Philosophie d'un couteau *défilent pendant que le Pr Kirino continue de parler.]*

Le film mettait en images, sans aucun tabou, les activités de l'Unité 731, y compris des reconstitutions de nombreuses expériences. Son accroche, c'était : « Dieu a créé le Ciel, les hommes l'Enfer. »

À la fin, on n'a pas pu se lever, lui et moi. « Je ne savais pas, m'a murmuré Evan. Je suis désolé. Je ne savais pas. »

Il ne s'excusait pas de m'avoir emmené voir ce film. Non, la culpabilité le rongeait parce qu'il ignorait jusqu'alors les crimes de l'Unité 731. Pendant ses cours et ses recherches, il n'en avait jamais eu connaissance. Et comme ses parents avaient trouvé refuge à Shanghai durant la Guerre, personne de sa famille n'avait subi ces atrocités.

Mais du fait de leur emploi par le gouvernement fantoche de Shanghai occupée, on avait qualifié ses grands-parents de collaborateurs après la Guerre et la dureté du traitement que la République populaire leur avait infligé avait fini par pousser sa famille à fuir aux États-Unis. La Guerre avait donc façonné l'existence d'Evan, et de tous les Chinois, même s'il n'en connaissait pas toutes les ramifications.

Pour lui, ignorer l'histoire, une histoire qui déterminait de bien des façons qui il était, constituait un péché en soi.

« Ce n'est qu'un film, lui disaient nos amis. Une fiction. »

Mais à ce moment-là, pour Evan, l'histoire telle qu'il la concevait a pris fin. La distance entretenue, les abstractions de l'histoire sur une grande échelle, tout ce qui lui plaisait tant avait perdu son sens face à ces images sanglantes sur le grand écran.

Il a entrepris de creuser pour trouver la vérité derrière le film, une démarche qui a bientôt occupé tout son temps. Les activités de l'Unité 731 l'obsédaient, de jour comme de nuit, au point qu'il en faisait des cauchemars. Avoir ignoré ces horreurs lui semblait désormais un manquement ainsi qu'un appel aux armes. Il refusait qu'on oublie la souffrance des victimes. Il n'entendait pas laisser leurs bourreaux s'en tirer indemnes.

C'est alors que je lui parlé des possibilités qu'offraient les particules de Bohm-Kirino.

Evan estimait que le voyage dans le temps sensibiliserait les gens.

Tant que le Darfour restait un nom sur un continent lointain, on pouvait ignorer les morts, les atrocités. Mais si vos voisins vous disaient ce qu'ils avaient vu lors de leurs voyages là-bas ? Si les parents des victimes venaient vous raconter leurs souvenirs de ce pays ? Pourriez-vous continuer d'ignorer la situation ?

Evan croyait qu'il se produirait une prise de conscience de cet ordre avec le voyage dans le temps. Voir et entendre le passé vous interdirait de rester apathique.

Extraits de l'audition télévisée devant le Sous-comité sur l'Asie, le Pacifique et l'Environnement global du Comité des Affaires étrangères, Chambre des Représentants, 11Xe Congrès, avec l'aimable autorisation de C-SPAN

Déposition de Lillian C. Chang-Wyeth, témoin :

M. le président et mesdames et messieurs les membres du Sous-comité, merci de me donner l'occasion de témoigner ici aujourd'hui. Je tiens également à remercier le Pr Wei et le Pr Kirino dont le travail a rendu possible ma présence devant vous.

Je suis née le 5 janvier 1962 à Hong Kong. Mon père, Jaiyi « Jimmy » Chang, était arrivé de Chine continentale après la Seconde Guerre mondiale. Il y avait réussi comme vendeur de chemises et il avait épousé ma mère. Chaque année, nous fêtions mon anniversaire avec un jour d'avance. Quand j'ai demandé pourquoi à ma mère, elle m'a répondu qu'il y avait un rapport avec la Guerre.

Petite, je ne savais pas grand-chose de la vie de mon père avant ma naissance — qu'il avait grandi en Mandchourie occupée par le Japon, que sa famille avait été tuée par les Japonais et que la résistance communiste l'avait sauvé. Mais il n'était jamais entré dans les détails.

Il ne m'a parlé qu'une fois de la Guerre, l'été à l'issue duquel j'allais partir pour la faculté, en 1980. Comme il était attaché aux traditions, il a organisé pour moi la cérémonie du *jíjili*, où je déciderais de mon *biaozì*, mon prénom social, le nom que les jeunes Chinois choisissaient pour eux quand ils atteignaient l'âge adulte et sous lequel ils seraient connus de leurs pairs. Il n'y avait plus beaucoup de Chinois, même à Hong Kong, pour suivre cette coutume.

Nous avons prié, inclinés devant l'autel de nos ancêtres, j'ai allumé mes bâtonnets d'encens et je les ai placés dans le brasero de bronze au milieu de la cour. Pour la première fois, mon père m'a servi le thé, *à moi*, au lieu du contraire. On a levé nos tasses, bu, et il m'a dit qu'il était fier de moi.

J'ai posé ma tasse, puis je lui ai demandé laquelle de mes parentes il admirait le plus, afin de choisir un nom honorant sa mémoire. Il m'a alors montré la seule photographie qu'il possédait de sa famille. Je vous l'ai apportée aujourd'hui et j'aimerais la verser au dossier.

On l'a prise en 1940 à l'occasion du dixième anniversaire de mon père. La famille habitait Sanjiajiao, un village à une vingtaine de kilomètres de Harbin, où ils sont allés se faire tirer le portrait en studio. Vous voyez mes grands-parents au centre, assis côte à côte. Mon père se tient debout près de mon grand-père ; là, près de ma grand-mère, il y a ma tante, Changyi (暢怡), dont le nom signifie « bonheur suave ». Jusqu'à ce qu'il me montre ce cliché, j'ignorais que j'avais une tante.

Elle n'était pas jolie. Vous pouvez constater qu'elle était née avec une grande tache de naissance brune en forme de chauve-souris qui la défigurait. Comme la plupart des filles de son village, elle n'avait jamais fréquenté l'école. Elle ne savait ni lire ni écrire. Mais elle était gentille, douce, futée, et elle se chargeait de la cuisine et du ménage dès ses huit ans. Mes grands-parents travaillaient aux champs toute la journée. En tant que sœur aînée, Changyi était une mère pour mon père. Elle lui donnait le bain, elle le nourrissait, elle le changeait, elle jouait avec lui, et elle le protégeait des autres enfants du village. À l'époque de cette photographie, elle avait seize ans.

J'ai demandé à mon père : que lui est-il arrivé ?

Il m'a répondu : on l'a emmenée. Les Japonais sont venus le 5 janvier 1941, parce qu'ils voulaient faire un exemple de notre village afin d'éviter que les autres aient l'audace de soutenir les guérillas. J'avais onze ans, et Changyi, dix-sept. Mes parents m'ont ordonné de me cacher dans le trou sous la réserve de grains. Après que les soldats les ont passés à la baïonnette, je les ai vus traîner ma sœur vers un camion qui a démarré.

Où l'a-t-on emmenée ?

Ils parlaient d'un endroit appelé Pingfang, au sud de Harbin.

C'était quel genre d'endroit ?

Personne n'en savait rien. À l'époque, selon les Japonais, il s'agissait d'une scierie. Mais il fallait baisser les rideaux à bord des trains qui passaient par là et les occupants avaient vidé tous les villages alentours. Ils patrouillaient beaucoup dans la région. Les résistants qui m'ont sauvé y voyaient un dépôt d'armes ou le QG d'importants généraux japonais. Je crois qu'on l'a amenée là-bas pour servir d'esclave sexuelle aux soldats nippons. J'ignore si elle a survécu.

J'ai donc choisi Changyi (長憶) pour honorer ma tante, qui était une mère pour mon père. Mon nom se prononce de la même façon que le sien, mais s'écrit dans des caractères différents et, au lieu de « bonheur suave », signifie « longue mémoire ». Nous avons prié pour qu'elle ait survécu à la Guerre et qu'elle vive en Mandchourie.

L'année suivante, en 1981, l'auteur Morimura Seiichi a publié *The Devil's Gluttony*, le premier ouvrage japonais à évoquer l'histoire de l'Unité 731. Je l'ai lu en traduction chinoise. Le nom de Pingfang a soudain pris une toute autre connotation. Durant des années, j'ai fait des cauchemars sur ce qui était arrivé à ma tante.

Mon père est décédé en 2002. Avant sa mort, il m'a prié de lui faire savoir, lors de ma visite annuelle sur sa tombe, ce qu'il était advenu de ma tante si je le découvrais un jour avec certitude. Je le lui ai promis.

Voilà pourquoi, une décennie plus tard, je me suis portée volontaire pour le voyage lorsque le Pr Wei l'a proposé. Je voulais connaître le sort de ma tante. J'espérais, en dépit de tout, qu'elle avait survécu et réussi à fuir, même si je savais qu'il n'y avait eu aucun survivant de l'Unité 731.

Chung-Nian Shih, directeur du Département d'archéologie, Université nationale indépendante de Taïwan :

J'ai été l'un des premiers à remettre en cause la décision d'Evan d'envoyer en priorité des volontaires possédant des liens de parenté avec les victimes de l'Unité 731 plutôt que des historiens ou des journalistes. Bien sûr, il souhaitait que les familles des victimes fassent leur deuil, mais des pans entiers d'histoire ont ainsi disparu à jamais pour apaiser des chagrins personnels, puisque sa technique est destructrice, comme vous le savez : une fois qu'il a envoyé l'observateur à un endroit et un moment précis, les particules de Bohm-Kirino s'annihilent et nul ne peut retourner là-bas.

Sur le plan moral, on peut arguer pour ou contre ce choix — la souffrance des victimes relève-t-elle du domaine privé, ou participe-t-elle de notre histoire collective ?

Un des paradoxes cruciaux de l'archéologie, c'est que, pour fouiller un site afin de l'étudier, il faut le détruire. Au sein de la profession, on débat à chaque site pour savoir s'il vaut mieux le fouiller ou le préserver in situ jusqu'à la mise au point de nouvelles techniques moins invasives. Mais sans des fouilles destructrices, comment mettra-t-on au point ces nouvelles techniques ?

Evan aurait sans doute dû lui aussi attendre qu'on invente un moyen d'enregistrer le passé sans l'effacer par la même occasion. Seulement, il aurait peut-être été trop tard pour les familles des victimes qui allaient bénéficier le plus de ces souvenirs. Il se débattait sans cesse entre les revendications antagonistes du passé et du présent.

Lillian C. Chang-Wyeth :

Il y a cinq ans, lorsque j'ai effectué mon premier voyage, je figurais parmi les premières personnes que le Pr Wei renvoyait dans le passé.

J'ai rejoint le 6 janvier 1941, lendemain de la capture de ma tante.

Je suis arrivée au milieu d'un champ cerclé de bâtiments en brique. Il faisait un froid atroce. Même si j'ignore quelle pouvait être la température exacte, Harbin, en janvier, restait souvent très en-deçà des -20° Celcius. Bien que le Pr Wei m'ait appris à me mouvoir par mon esprit seul, se retrouver soudain dans un lieu où on ne possédait aucune présence physique mais où on ressentait tout, tel un fantôme, avait de quoi vous dérouter. Je m'entraînais toujours à me déplacer quand j'ai entendu un bruit sec dans mon dos. *Clac, clac !*

En me retournant, j'ai vu une file de prisonniers chinois debout dans le champ. Enchaînés par les chevilles, ils ne portaient qu'un habit en haillons. Ce qui m'a choquée, c'est qu'ils avaient les bras nus et qu'ils les tendaient dans le vent glacial.

Un officier japonais longeait la rangée de captifs et tapait sur leurs bras nus à l'aide d'un petit bâton. *Clac, clac !*

Entretien avec Shiro Yamagata, ancien membre de l'Unité 731, avec l'aimable autorisation de Nippon Broadcasting.

[Yamagata et sa femme sont assis sur des chaises à une longue table pliante. Il a plus de quatre-vingt-dix ans. Les mains croisées devant lui sur la table, dans la même posture que sa femme, il affiche un air paisible, posé. Sa voix ténue demeure compréhensible sous celle du traducteur.]

On a fait sortir les prisonniers en tenue sans manches afin que leurs bras nus gèlent dans l'air de la Mandchourie. Un grand froid régnait. Je n'aimais pas les jours où mon tour venait de les amener dehors.

On arrosait d'eau les prisonniers pour que les gelures se produisent plus vite. Afin de s'assurer que leurs bras étaient prêts, on les tapait avec un bâtonnet. Si on entendait un coup sec, le membre était gelé à cœur, idéal pour l'expérience. Le bruit était le même qu'en tapant sur une pièce de bois.

Voilà sans doute pourquoi on appelait les prisonniers des *maruta*, des bûches. On en plaisantait entre nous. *Alors, tu as scié combien de bûches, aujourd'hui ? Pas beaucoup, trois petites.*

On effectuait ces expériences pour étudier les effets des gelures et des extrêmes de température sur le corps humain. Elles fournissaient des enseignements précieux.

On a appris que la meilleure manière de traiter les gelures consistait à immerger le membre affecté dans l'eau chaude au lieu de le frotter. Ça a sans doute sauvé la vie de nombreux soldats nippons. On observait aussi les effets de la gangrène et de la maladie lorsque les membres gelés mouraient sur les captifs.

J'ai entendu dire qu'on pratiquait d'autres expériences où on augmentait la pression d'une pièce hermétique jusqu'à ce que la personne à l'intérieur explose, mais je n'en ai jamais été témoin.

Je faisais partie d'un groupe d'assistants médicaux arrivé en janvier 1941. Pour s'entraîner à la chirurgie, on pratiquait des amputations et diverses autres opérations. On utilisait les prisonniers sains ou ceux des expériences sur les gelures. Une fois qu'on leur avait amputé les quatre membres, on se servait des survivants pour tester des armes biologiques.

Deux de mes amis ont amputé un homme de ses bras afin de les rattacher inversés. J'ai assisté à leur procédure, sans y participer. Je ne voyais pas l'intérêt de l'expérience.

Lillian C. Chang-Wyeth :

J'ai suivi la file de prisonniers dans l'enceinte, puis je me suis promenée pour voir si je trouvais ma tante.

Par chance, au bout d'une demi-heure, j'ai trouvé le lieu de détention des prisonnières, mais j'ai eu beau regarder dans toutes les cellules, je n'ai vu personne qui ressemblait à ma tante. J'ai continué d'errer, en jetant un coup d'œil sur chaque pièce. J'ai remarqué beaucoup de bocaux renfermant des organes préservés, dont un, énorme, rempli de liquide, contenant la moitié d'un corps humain qui flottait, coupé en deux dans le sens de la hauteur.

J'ai fini par atteindre un bloc opératoire rempli de jeunes médecins japonais. Comme j'entendais une femme hurler, je suis entrée. L'un des médecins violait une Chinoise sur la table d'opération. Il y avait d'autres Chinoises dans la pièce, toutes nues, qui maintenaient cette femme afin que le jeune médecin puisse se concentrer sur le viol.

Les autres Japonais observaient la scène en discutant de façon amicale. L'un d'eux a émis une remarque. Ils ont tous éclaté de rire, même celui qui violait la femme sur la table. J'ai regardé celles qui la maintenaient et l'une d'elles avait une tache de naissance en forme de chauve-souris couvrant la moitié de sa figure. Elle parlait à cette autre femme, pour tâcher de la réconforter.

Ce qui m'a vraiment choquée, ce n'était pas sa nudité, ni même ce qu'il se passait, mais sa jeunesse. À dix-sept ans, elle avait un an de moins que moi quand j'étais partie pour la faculté. À part la tache de naissance, elle me ressemblait. Elle ressemblait aussi à ma fille.

[Elle s'interrompt.]

Représentant Kotler : Voulez-vous faire une pause ? Je pense que le Sous-comité n'y verra aucun…

Lillian C. Chang-Wyeth : Non, merci. Je suis navrée. Permettez-moi de poursuivre.

Après que le premier a fini, on a emmené la femme sur la table. Tous les médecins riaient, plaisantaient. Au bout de quelques minutes, deux soldats sont revenus, qui flanquaient un Chinois nu. Le premier médecin a désigné ma tante, que les autres femmes ont poussée sur la table sans un mot. Elle n'a pas résisté.

Le médecin a alors désigné le Chinois et lui a montré ma tante. Au début, il n'a pas compris ce qu'on attendait de lui. Le médecin a ajouté quelques mots et les deux soldats ont piqué l'homme de leurs baïonnettes. Il a tressailli. Ma tante a levé les yeux vers lui.

Et elle a dit : Ils veulent que tu me baises.

Shiro Yamagata :

Parfois, on alternait pour violer les femmes et les jeunes filles. Beaucoup d'entre nous n'avaient jamais couché avec une femme ni vu les organes sexuels d'une femme en vie. Il s'agissait d'une sorte d'éducation sexuelle.

Parmi les problèmes que l'armée affrontait, il y avait les maladies vénériennes. Les médecins militaires examinaient les femmes de confort chaque semaine et leur administraient des piqûres, mais les soldats violaient les femmes russes et chinoises, de sorte qu'ils se faisaient infecter sans cesse. Il nous fallait mieux comprendre l'évolution de la syphilis, en particulier, et mettre des traitements au point.

À cette fin, nous injections la syphilis à des prisonnières et ordonnions à des prisonniers d'avoir des rapports sexuels avec elles afin de se contaminer de la façon normale. Bien sûr, nous-mêmes ne touchions pas ces femmes infectées. On pouvait alors étudier les effets de la maladie. Il s'agissait de recherches qu'on n'avait encore jamais menées.

Lillian C. Chang-Wyeth :

Un an plus tard, j'effectuais ma seconde visite. Cette fois-là, je suis remontée au 8 juin 1941, environ cinq mois après la capture de ma tante. À une date très ultérieure, elle aurait sans doute déjà été tuée. Le Pr Wei, confronté à de vives oppositions, craignait que trop de voyages vers cette même période ne détruisent trop de preuves. Il m'a donc expliqué qu'il s'agirait, pour moi, du dernier.

J'ai trouvé ma tante seule dans une cellule. Très maigre, elle avait des rougeurs aux paumes et des nodules au cou. Je voyais bien, aussi, qu'elle était enceinte. Elle devait être très malade, car elle est restée allongée par terre, les yeux grand ouverts, à émettre un gémissement ténu — « *aiya, aiya* » — tout le temps que j'ai passé en sa compagnie.

Je suis resté avec elle la journée entière, à la surveiller. Je ne cessais de m'efforcer de la consoler, mais, bien entendu, elle ne pouvait pas m'entendre, ni sentir le contact de ma main. Quant aux mots que je prononçais, ils étaient pour moi, et non pour elle. Je lui ai chanté une chanson que mon père me chantait quand j'étais petite :

萬里長城萬里長，長城外面是故鄉

高粱肥，大豆香，遍地黃金少災殃。

La Grande muraille mesure dix mille li.
De l'autre côté se trouve mon village,
Le riche sorgho, les doux germes de soja,
Le bonheur étalé sur le sol tel un tapis d'or

Je faisais sa connaissance et je lui disais adieu en même temps.

Shiro Yamagata :

Afin d'étudier la progression de la syphilis et d'autres maladies vénériennes, nous pratiquions des vivisections sur les femmes à divers stades de leur infection. Il importait de comprendre les effets de l'affection sur les organes vivants et la vivisection nous offrait aussi un entraînement précieux à la chirurgie. On utilisait parfois du chloroforme, et parfois non. Pour la vivisection des sujets d'expérience soumis au choléra ou à l'anthrax, on se dispensait de l'anesthésie, qui aurait pu affecter les résultats. On adoptait la même attitude face aux femmes syphilitiques.

Je ne me rappelle pas du nombre de vivisections que j'ai pratiquées.

Certaines femmes, très courageuses, s'allongeaient sur la table sans qu'on les y contraigne. J'ai appris à dire « *bútòng, bútòng* » — « ça ne va pas faire mal », en chinois — pour les calmer. Ensuite, on les attachait à la table.

D'habitude, la première incision, du thorax à l'estomac, faisait hurler les femmes. Certaines continuaient longtemps pendant l'opération. On a employé par la suite le bâillon, du fait que les hurlements gênaient les discussions au cours des vivisections. En général, les femmes restaient en vie jusqu'à ce qu'on ouvre le cœur. On gardait donc cette étape pour la fin.

Je me souviens d'avoir effectué une vivisection sur une femme enceinte. On n'utilisait pas de chloroforme au début, mais elle nous a suppliés : « Je vous en prie, tuez-moi, mais épargnez mon enfant. » On a alors recouru au chloroforme pour l'endormir avant d'en finir avec elle.

Aucun de nous n'avait jamais vu l'intérieur d'une femme enceinte. Nous avons beaucoup appris. J'ai songé à garder le fœtus pour des expériences, mais il était trop faible et il est mort peu après qu'on l'a extrait. Nous avons essayé de deviner s'il provenait de la semence d'un médecin nippon ou d'un prisonnier chinois, mais, vu sa laideur, il me semble que nous avons opté pour le prisonnier.

J'estimais que le travail effectué sur ces femmes était très précieux et qu'il nous apportait beaucoup de connaissances.

Je n'ai pas trouvé particulièrement bizarres les recherches de l'Unité 731. Après 1941, on m'a posté en Chine du nord, dans la province de Hebei, puis celle de Shanxi. Au sein des hôpitaux, nous, les médecins militaires, nous programmions de façon régulière des entraînements à la chirurgie sur des Chinois vivants. Le jour convenu, l'armée nous fournissait les sujets. Nous pratiquions des amputations, des résections de tube digestif, des prélèvements d'organes internes.

Souvent, on effectuait ces entraînements sans anesthésie afin de reproduire les conditions sur le champ de bataille. Il arrivait qu'un médecin tire une balle dans le ventre d'un prisonnier pour simuler une blessure de guerre sur laquelle nous perfectionner. Après les opérations, l'un des officiers décapitait le sujet chinois ou l'étranglait. Les vivisections servaient parfois pour les stagiaires de leçons d'anatomie et de distractions. L'armée tenait à obtenir au plus vite de bons chirurgiens, afin que nous puissions aider les soldats.

« John », professeur de lycée, Perth, Australie :

Vous savez bien que les personnes âgées souffrent de la solitude. Ils disent n'importe quoi pour attirer l'attention. Ils vont avouer ces trucs ridicules qu'ils sont censés avoir faits. C'est vraiment triste. Je parie que je dénicherais un vieux soldat australien qui admettrait avoir découpé une aborigène quelconque si je passais une annonce. Ceux qui racontent de telles histoires font tout pour se mettre en avant, comme ces prostituées coréennes qui prétendent avoir été kidnappées par l'armée japonaise pendant la Guerre.

Patty Ashby, femme au foyer, Milwaukee, Wisconsin :

C'est difficile de juger quelqu'un à distance, je trouve. Ça se passait durant la Guerre. Il se passe toujours des horreurs durant les guerres. Tous les bons chrétiens doivent oublier et pardonner. Exhumer des choses pareilles, c'est manquer de charité. Et toucher au temps, c'est mal. Il n'en sortira rien de valable.

Sharon, actrice, New York, New York :

Vous savez, le truc, c'est que les Chinois sont très cruels envers les chiens. Et même, ils en mangent. Ils ont aussi été très méchants avec les Tibétains. Alors, c'est peut-être une histoire de karma, qui sait ?

Shiro Yamagata :

Le 15 août 1945, nous avons appris que l'Empereur avait capitulé devant l'Amérique. Comme bien d'autres Japonais en Chine alors, mon unité a estimé qu'il serait plus facile de se rendre aux nationalistes chinois. On l'a incorporée dans une unité de l'armée nationaliste sous les ordres de Chiang Kaï-chek, et j'ai continué de travailler en tant que médecin militaire pour aider les nationalistes contre les communistes dans la guerre civile. Comme les Chinois ne disposaient de presque aucun chirurgien qualifié, mon travail était très utile et on m'a bien traité.

Les nationalistes n'ont guère résisté aux communistes. En janvier 1949, ces derniers ont pris l'hôpital de campagne où je travaillais et m'ont capturé. Le premier mois, on nous a gardés en cellule. J'ai essayé de nouer des relations amicales avec les gardes. Les soldats communistes étaient très jeunes et très maigres, mais ils semblaient avoir un bien meilleur moral que leurs homologues nationalistes.

Au bout d'un mois, nous suivions, comme les gardes, des cours quotidiens de marxisme et de maoïsme.

On m'expliquait que la Guerre n'était pas ma faute, qu'il ne fallait pas me le reprocher. Je n'étais qu'un soldat auquel l'empereur Hirohito et Hideki Tojo avaient fait croire qu'il devait participer à l'invasion et à l'oppression des Chinois. L'étude du marxisme m'amènerait à comprendre que tous les pauvres, chinois comme japonais, étaient frères. On nous demandait de peser nos actes envers le peuple chinois et de rédiger des aveux sur les crimes que nous avions commis au cours de la Guerre. Si ces aveux se révélaient sincères, notre châtiment se verrait atténué. J'en ai rédigé plusieurs, mais on les a toujours rejetés pour manque de sincérité.

La rumeur d'une nouvelle guerre en Corée, entre la Chine et les États-Unis, se propageait. Comment la Chine pourrait-elle l'emporter sur cet ennemi ? Même la formidable armée japonaise avait perdu face aux États-Unis. Peut-être que ce serait les Américains qui me captureraient, la prochaine fois. J'imagine que je n'ai jamais eu de talent pour prédire l'issue des conflits.

Après le début de la guerre de Corée, la nourriture a vite manqué. Les gardes mangeaient du riz aux oignons verts et aux herbes sauvages, tandis qu'on servait du poisson et du riz aux prisonniers.

J'ai demandé pourquoi.

Vous êtes des prisonniers, a répondu mon garde, seize ans à peine. Vous venez du Japon. Le Japon est un pays riche et on doit vous traiter de la façon la plus proche possible des conditions de vie dans votre pays.

Je lui ai proposé mon poisson. Il a refusé.

J'ai plaisanté avec lui. Vous ne voulez pas la nourriture qu'un démon japonais a touchée ? Je lui apprenais à lire et il me faisait passer des cigarettes en douce.

J'étais un très bon chirurgien, fier de son travail. Parfois, il me semblait que, malgré la guerre, je contribuais au bien-être des Chinois et j'aidais beaucoup de patients.

Un jour, j'ai reçu en visite une femme à la jambe cassée. Elle vivait loin de l'hôpital. Le temps que sa famille nous l'amène, la gangrène s'était installée et il fallait amputer.

Je m'apprêtais à l'anesthésier sur la table d'opération. Je l'ai regardée droit dans les yeux et, pour la calmer, j'ai dit : « *Bútòng, bútòng.* »

Elle a écarquillé les yeux et elle s'est mise à hurler, sans arrêt. Elle a dégringolé de la table en traînant derrière elle sa jambe morte, pour s'éloigner de moi le plus possible.

C'est alors que je l'ai reconnue. Il s'agissait de l'une des jeunes captives que nous avions formées comme infirmières à l'hôpital militaire pendant la Guerre avec la Chine. J'avais couché avec elle plusieurs fois. J'ignorais son nom. Pour moi, elle n'était que « n° 4 ». Certains des jeunes médecins avaient dit, à titre de plaisanterie, qu'ils la dissèqueraient si jamais la Japon perdait et qu'on devait battre en retraite.

[*L'interviewer (hors-champ) : M. Yamagata, vous ne devez pas pleurer. Vous le savez. On ne peut pas vous montrer en larmes dans le film. Tâchez de vous maîtriser, sinon il nous faudra en rester là.*]

J'éprouvais un chagrin indicible. Alors seulement je me suis rendu compte de la vie et de la carrière que j'avais eues. À vouloir devenir bon médecin, j'avais fait ce qu'aucun être humain ne devrait faire. J'ai rédigé mes aveux, et après que mon garde les a lus, il a refusé de me parler.

J'ai purgé ma peine. On m'a relâché et autorisé à rentrer au Japon en 1956.

Je me sentais perdu. Au pays, tout le monde travaillait dur, mais je ne savais pas quoi faire.

« Tu n'aurais pas dû avouer », m'a dit un de mes amis, qui avait servi dans la même unité que moi. « Je m'en suis bien gardé et ils m'ont libéré il y a des années. J'ai un bon emploi. Mon fils va être médecin. Garde le silence sur ce qu'il s'est passé pendant la Guerre. »

J'ai emménagé ici, sur Hokkaido, pour vivre en fermier, le plus loin possible du cœur du Japon. Je me suis tu tout ce temps, pour protéger mon ami… Je croyais mourir avant lui et emporter mon secret dans la tombe.

Mais il est mort. Même si, pendant toutes ces années, je n'ai jamais évoqué ce que j'avais fait, j'ai la ferme intention de tout dire désormais.

Lillian C. Chang-Wyeth :

Je ne parle que pour moi, et éventuellement pour ma tante. Je suis le dernier lien entre elle et le monde des vivants. Et je deviens moi aussi une vieille femme.

Je ne connais rien à la politique, et je ne l'apprécie guère. Je vous ai dit ce que j'ai vu. Jusqu'au jour de ma mort, je me souviendrai de ma tante qui pleurait dans cette cellule.

Vous me demandez ce que je souhaite. Je ne vois pas comment vous répondre.

Pour certains, je devrais exiger qu'on traduise en justice les membres survivants de l'Unité 731. Mais qu'est-ce que cela signifierait ? Je ne suis plus une enfant. Je ne veux pas voir de procès, de défilés, de spectacles. La loi ne vous rend jamais justice.

Ce que je souhaite vraiment, c'est que ce que j'ai vu ne se soit jamais produit. Mais personne ne peut m'exaucer. Je me contente donc de rappeler l'histoire de ma tante, d'offrir la culpabilité de ses meurtriers et de ses tortionnaires au regard du monde, comme ils l'ont offerte toute nue, elle, à leurs scalpels et leurs aiguilles.

Je ne peux décrire ces actes que comme des crimes contre l'humanité. La négation de l'idée même de la vie.

Le gouvernement japonais n'a jamais reconnu les actes de l'Unité 731 et ne s'en est jamais excusé. Au fil des ans, des preuves supplémentaires des atrocités commises à l'époque sont apparues, mais la réponse est toujours restée la même : il n'y a pas assez de preuves.

Eh bien, maintenant il y en a. J'ai vu ce qu'il s'est passé de mes propres yeux. Je veux en parler, dénoncer les négationnistes. Je veux raconter mon histoire aussi souvent que je le pourrai.

Les hommes et femmes de l'Unité 731 ont perpétré ces actes au nom du Japon et de son peuple. J'exige que le Japon reconnaisse ces crimes contre l'humanité, présente des excuses, et s'engage à préserver le souvenir des victimes et à admettre la culpabilité de ces criminels tant que le mot « justice » gardera un sens.

Monsieur le président, Mesdames et Messieurs les membres du Sous-comité, je regrette de devoir ajouter que le gouvernement des États-Unis n'a, lui non plus, jamais reconnu ni demandé pardon d'avoir protégé ces criminels des poursuites judiciaires après la Guerre, et d'avoir utilisé les données obtenues par le biais de ces tortures, de ces viols et de ces morts. J'exige que le gouvernement des États-Unis reconnaisse ces actes et présente des excuses.

C'est tout.

Représentant Hogart :

J'aimerais rappeler aux spectateurs qu'ils doivent garder leur calme et respecter le protocole, sous peine d'expulsion.

Madame Chang-Wyeth, je suis navré de votre expérience, quelle qu'elle ait été. Je ne doute pas qu'elle vous ait affecté en profondeur. Je remercie également les autres participants de leurs témoignages.

Monsieur le président, Mesdames et Messieurs les membres du Sous-comité, je dois pour mémoire émettre une nouvelle objection à cette audition et à la résolution soumise par mon collègue, le représentant Kotler.

La Deuxième Guerre mondiale est une période anormale où les règles de conduite normales ont été suspendues, de terribles événements ont eu lieu et de grandes souffrances en ont résulté. Mais quoi qu'il ait pu se passer — et on ne possède la preuve de rien du tout, hormis les résultats d'une incroyable expérience de physique des hautes énergies que nul ici, sauf le Pr Kirino, ne comprend —, ce serait une erreur de notre part que de devenir les esclaves de l'histoire et de placer le présent sous la tutelle du passé.

Le Japon d'aujourd'hui est l'un des principaux alliés des États-Unis dans le Pacifique, sinon dans le monde, alors que la République populaire de Chine ne cesse de contester nos intérêts dans la région. Le Japon joue un rôle crucial dans nos efforts pour contenir et affronter la menace chinoise.

Soumettre cette résolution en ce jour apparaît, de la part du représentant Kotler, au mieux peu judicieux et au pire contreproductif. Sans doute possible, elle embarrassera et démotivera notre allié tout en encourageant et en confortant nos adversaires à un moment où nous ne pouvons pas nous laisser aller à un sentimentalisme dérivé de témoignages basés sur des « illusions » : je cite là le Pr Kirino, inventeur de la technologie en question.

De nouveau, je prie le Sous-comité d'arrêter sa procédure destructrice et inutile.

Représentant Kotler :

Monsieur le président, Mesdames et Messieurs les membres du Sous-comité, merci de me donner l'occasion de répondre au représentant Hogart.

Il est facile de se dissimuler derrière les vagues formules « de terribles événements ont eu lieu » et « de grandes souffrances en ont résulté ». Et je déplore que mon estimé collègue, un membre du Congrès des États-Unis, recoure aux tactiques honteuses de dénigrement et de dérobade dont se servent ceux qui nient l'Holocauste.

Les gouvernements japonais successifs, avec le soutien et la complicité des administrations successives de ce pays, ont tous refusé d'admettre les activités de l'Unité 731 — sans parler de présenter des excuses. En fait, pendant bien des années, ils ont nié jusqu'à son existence. Ces dénis et ces refus d'admettre les atrocités japonaises commises au cours de la Seconde Guerre mondiale entraînent une minimisation et un négationnisme vis-à-vis de leur inconduite en temps de guerre, qu'il s'agisse des soi-disant « femmes de confort », du massacre de Nankin ou du travail forcé en Corée et en Chine. Ce schéma récurrent nuit aux relations du Japon avec ses voisins d'Asie.

Le problème de l'Unité 731 présente des défis spécifiques au sens où les États-Unis n'y sont en rien un tiers innocent. En tant qu'allié et ami du Japon, notre pays a pour devoir de relever les manquements de celui-ci.

Mais surtout, il a joué un rôle actif en aidant les coupables des crimes de l'Unité 731 à se soustraire à la justice. Le général MacArthur a offert l'immunité aux hommes de l'Unité 731 en échange des résultats de leurs expériences. Nous portons notre part de responsabilité dans ces dénis et ces dissimulations parce que nous avons accordé davantage de valeur au fruit pourri de l'atrocité qu'à notre propre intégrité. Nous avons péché, nous aussi.

Je tiens à souligner que le représentant Hogart comprend mal la résolution. Ce que les témoins et moi-même voulons, Monsieur le président, ce n'est pas un aveu de culpabilité du gouvernement ou du peuple japonais actuel. Nous voulons que ce corps constitué reconnaisse que le Congrès des États-Unis estime qu'il faut honorer et commémorer les victimes de l'Unité 731, et condamner les responsables de ces crimes atroces. Il n'est pas question de conviction sans procès, de corruption du sang ou autres pratiques féodales. Il ne s'agit pas de réclamer une compensation financière au Japon. Tout ce que nous demandons, c'est un engagement de vérité, un engagement du souvenir.

Tout comme les mémoriaux de l'Holocauste, la valeur d'une telle déclaration se résume à l'affirmation publique de notre lien d'humanité avec les victimes et de notre cause commune face à l'idéologie et à la barbarie des bouchers de l'Unité 731 et de la société japonaise militariste qui a permis et ordonné des actes aussi maléfiques.

Que les choses soient claires : le « Japon » n'est pas plus un bloc monolithique qu'il ne se résume à son gouvernement. Des citoyens nippons ont accompli un travail héroïque pour mettre en lumière ces atrocités au fil des ans — malgré la résistance incessante de leur gouvernement et le désir de la population d'oublier et de passer à autre chose. Je leur offre mes remerciements les plus sincères.

On ne saurait balayer la vérité et on ne devrait pas dire aux familles des victimes ni au peuple chinois que la justice est impossible, que le dégoût du gouvernement américain à l'égard de leur gouvernement actuel implique qu'une grave injustice restera ignorée et dissimulée au monde. Fait-il le moindre doute que cette résolution *non contraignante*, voire une version beaucoup plus sévère, aurait été adoptée sans difficulté si les victimes appartenaient à un peuple dont le gouvernement aurait la faveur des États-Unis ? Si, pour des motifs « stratégiques », nous sacrifions la vérité au profit d'un gain à court terme, nous aurons simplement réitéré les erreurs de nos ancêtres à l'issue de la Guerre.

Nous valons mieux que de tels louvoiements. Le Pr Wei nous a offert le moyen de dire la vérité sur le passé. Il nous faut demander au gouvernement japonais comme au nôtre de se dresser et de reconnaître notre responsabilité collective devant l'histoire.

Li Ruming, directeur du Département d'histoire, Université de Zhejiang, République populaire de Chine :

Du temps où je terminais mon doctorat à Boston, Evan et Akemi nous invitaient souvent chez eux, ma femme et moi. Ils se montraient amicaux, serviables, et ils nous donnaient à ressentir l'enthousiasme et la chaleur pour lesquels les États-Unis sont justement réputés. Contrairement à bien des Sino-Américains que j'ai pu croiser, Evan ne donnait pas du tout l'impression de se sentir supérieur aux Chinois du continent. C'était merveilleux de les avoir pour amis intimes, Akemi et lui, sans que les divergences politiques entre nos deux pays respectifs ne filtrent nos moindres interactions, un problème récurrent des relations américano-chinoises dans le milieu intellectuel.

Comme je suis son ami, et chinois, j'ai du mal à évoquer le travail d'Evan avec objectivité, mais je vais m'y efforcer.

Lorsqu'il a déclaré son intention de se rendre à Harbin et d'essayer de voyager dans le passé, le gouvernement chinois a exprimé un soutien mesuré. Puisque l'expérience n'avait jamais été tentée, les conséquences du processus destructeur qu'occasionnait le voyage dans le temps tel que pratiqué par Evan restaient vagues. Du fait de la destruction des preuves à l'issue de la Guerre et de l'obstruction systématique du gouvernement japonais, tout accès à de grandes quantités de documents et d'objets de l'Unité 731 nous fait défaut. On a estimé que l'œuvre d'Evan contribuerait à combler les vides en fournissant des témoignages de première main sur les événements. Les gouvernants chinois ont accordé des visas à mes amis en tablant sur la possibilité que leur travail aide l'Occident à comprendre les différends de nature historique opposant la Chine au Japon.

Mais ils voulaient encadrer ce travail. Mes compatriotes gardent une attitude affective à l'égard de ces crimes dont les plaies restent ouvertes, exacerbées par ces décennies de différends avec le Japon après la Guerre. De ce fait, notre gouvernement se trouvait dans l'obligation, politiquement, de s'impliquer. La Seconde Guerre mondiale ne relève pas de l'histoire ancienne et la Chine ne pouvait guère permettre à deux ressortissants étrangers d'arpenter le passé récent tels des aventuriers les tombeaux antiques.

Mais du point de vue d'Evan — que j'estime justifié —, tout soutien, toute surveillance, toute tutelle de la part du gouvernement chinois détruirait la crédibilité de son travail aux yeux de l'Occident.

Il a donc rejeté les offres chinoises d'implication et même réclamé l'intervention de diplomates américains, ce qui a fâché et éloigné de nombreux Chinois. Par la suite, quand le gouvernement a interdit l'expérience qui croulait désormais sous la mauvaise publicité, peu de Chinois l'ont défendu, car ils estimaient qu'Akemi et lui avaient, peut-être même volontairement, encore davantage porté atteinte à l'histoire de la Chine et à son peuple.

Ces accusations étaient injustes, et je regrette de devoir admettre qu'il me semble avoir mal défendu sa réputation.

Tout au long du projet, le point focal d'Evan était à la fois plus universel et plus atomistique que le peuple de Chine. D'un côté, il ressentait une dévotion américaine pour l'idée de l'individu et concevait son engagement comme voué à la voix et au souvenir de chaque victime. De l'autre, il tâchait aussi de transcender les nations, d'amener le monde entier à ressentir de l'empathie pour ces victimes, à condamner leurs bourreaux et à affirmer notre humanité partagée.

Mais, dès lors, il lui fallait se distancier des Chinois afin de préserver la crédibilité politique de son projet aux yeux de l'Occident : pour que celui-ci s'y intéresse, il a sacrifié leur bonne volonté. Il s'agissait au fond de désamorcer les préjugés occidentaux envers la Chine. Aurait-il plutôt dû en faire davantage pour les remettre en question ? Je n'en sais rien.

L'histoire ne se limite pas à une affaire privée. Même les familles des victimes comprennent qu'elle revêt un aspect communautaire. La résistance à l'invasion nippone joue un rôle fondateur pour la Chine moderne, comme l'Holocauste pour Israël et les guerres d'Indépendance et de Sécession pour les États-Unis. Un Occidental aura peut-être du mal à le comprendre, mais, aux yeux de nombreux Chinois, Evan, parce qu'il redoutait et rejetait leur implication, *dérobait* et effaçait leur histoire. Il la sacrifiait, sans leur accord, à un idéal occidental. Je saisis sa démarche, mais je ne peux pas me trouver en accord avec son choix.

En tant que Chinois, je ne partage pas sa dévotion absolue à un sentiment personnalisé de l'histoire. Donner les récits individuels de toutes les victimes, comme Evan s'y essayait, demeure impossible et, de toute façon, échouerait à résoudre l'ensemble des problèmes.

Comme nous ne disposons que d'une capacité d'empathie limitée envers la souffrance de masse, cette approche, selon moi, risquerait de déboucher sur le sentimentalisme et sur la mémoire sélective. Plus de seize millions de civils ont péri en Chine lors de l'invasion japonaise. La majeure partie de ces souffrances ne sont intervenues ni dans des fabriques de mort comme Pingfang, ni dans des charniers comme Nankin — autant de lieux qui font les gros titres et retiennent notre attention —, mais dans d'innombrables villages et bourgs isolés loin de tout, où on a massacré et violé sans relâche hommes et femmes, leurs cris emportés par le vent glacé, si bien qu'on a oublié jusqu'à leurs noms. Pourtant, eux aussi méritent qu'on se souvienne d'eux.

Il est impossible que chaque atrocité trouve un porte-parole aussi éloquent qu'Anne Frank, et je ne crois pas que nous devions réduire l'histoire entière à un recueil de récits de ce genre.

Mais il me répétait qu'un Américain préférait s'attaquer au problème à sa portée que se lamenter sur les nombreux problèmes qui lui échappaient.

Il n'a pas fait le choix le plus simple, et j'aurais opté pour une démarche différente. Mais il est toujours resté fidèle à ses idéaux américains.

Bill Pacer, professeur de langue et de culture chinoises modernes, Université de Hawaï à Manoa :

On a souvent dit que, comme tout le monde en Chine avait entendu parler de l'Unité 731, le Pr Wei n'apprenait rien aux Chinois et se contentait de mener campagne contre le Japon. C'est inexact. L'un des aspects les plus tragiques du différend entre la Chine et le Japon sur leur histoire réside dans le mimétisme de leurs réactions respectives. Le but de Wei, c'était de sauver cette histoire.

Aux premiers temps de la République populaire, de 1945 à 1956, l'approche idéologique des communistes consistait à tenir l'invasion pour une étape historique parmi d'autres de l'avancée irrésistible de l'humanité vers le socialisme. Tout en condamnant le militarisme japonais et en célébrant la résistance, ils essayaient de pardonner individuellement les Japonais si ces derniers montraient des signes de contrition — une attitude surprenante par son caractère confucéen et chrétien de la part d'un régime athée. Malgré l'atmosphère de zèle révolutionnaire, les prisonniers nippons étaient, pour la plupart, traités avec humanité. On leur donnait des cours de marxisme et on leur disait d'avouer leurs crimes par écrit (du fait de ces cours, le public japonais a pu croire que tout homme qui confessait des crimes horribles commis pendant la Guerre avait subi un lavage de cerveau de la part des communistes). Une fois qu'on les estimait repentis grâce à cette « rééducation », on les rendait au Japon. On a ensuite réprimé en Chine les souvenirs de la Guerre tandis que le pays entreprenait avec ferveur de bâtir une utopie socialiste, avec les résultats désastreux que l'on sait.

Cette générosité à l'égard des Nippons était tempérée par une dureté toute stalinienne envers les propriétaires terriens, les capitalistes, les intellectuels, ainsi qu'avec les Chinois qui avaient collaboré avec l'occupant. On a ainsi tué des centaines de milliers de personnes, souvent sur de maigres preuves et sans se soucier de suivre les procédures légales.

Dans les années 1990, le gouvernement de la République populaire a entrepris d'invoquer les souvenirs de la Guerre dans un contexte patriotique afin de se légitimer à la suite de la déroute du communisme. Paradoxalement, ce stratagème manifeste a empêché bien des gens de se faire à la Guerre : ils n'éprouvaient que méfiance envers ce que pouvaient dire leurs dirigeants.

En approchant ainsi la mémoire historique, la République populaire a donc engendré une série de problèmes associés. D'abord, la clémence qu'elle témoignait aux prisonniers a servi de prétexte aux négationnistes pour remettre en doute la véracité des aveux des soldats japonais. Ensuite, lier le patriotisme au souvenir de la Guerre poussait à accuser tout effort de mémoire de posséder une motivation politique. Et enfin, réduits à l'anonymat pour servir les besoins de l'état, les individus victimes de ces atrocités sont devenus de purs symboles.

Toutefois, on n'a guère souligné que le silence du Japon après-guerre sur les atrocités avait les mêmes motifs que les réactions chinoises. À gauche, le mouvement pacifiste attribuait toutes les souffrances du conflit au concept même de la guerre, prônait la paix et le pardon universels entre les pays, et rejetait toute notion de responsabilité nationale. Au centre, on se focalisait sur la croissance économique comme pansement aux blessures de la guerre. À droite, la question de la culpabilité était liée de manière inextricable au patriotisme. Contrairement à l'Allemagne, qui pouvait s'en remettre au nazisme — distinct de la nation même — pour endosser l'opprobre, il était impossible de reconnaître les atrocités nippones durant la Guerre sans impliquer, dans un sens, que le Japon se trouvait en butte à des attaques.

Voisins sur le plan géographique, les deux pays l'ont été aussi dans leur réponse à la barbarie de la Seconde Guerre mondiale : l'oubli, au nom d'idéaux universels tels que « la paix » et « le socialisme », l'appariement des souvenirs de la Guerre au patriotisme, la déréalisation des victimes comme des bourreaux opérée pour les ramener pareillement à des symboles afin de servir l'état. Sous cet angle, la mémoire abstraite, partielle, fragmentaire en Chine et le silence au Japon ne sont plus que les deux faces de la même pièce.

La position de Wei, c'est que, sans vraie mémoire, il ne saurait y avoir de vraie réconciliation. Sans vraie mémoire, les individus de chaque nation n'ont pas pu ressentir ni se remémorer la souffrance des victimes. Individualiser le récit que chacun de nous se fait des événements est un prérequis avant de pouvoir s'extirper du piège de l'histoire. Telle était, dès le départ, la nature du projet.

Cross-Talk, *21 janvier 20XX, avec l'aimable autorisation de FXNN*

Amy Rowe : Monsieur l'Ambassadeur Yoshida et Pr Wei, merci d'avoir accepté notre invitation. Nos téléspectateurs veulent qu'on réponde à leurs questions, et, pour ma part, j'ai envie d'action, ce soir !

Monsieur l'Ambassadeur Yoshida, commençons par vous. Pourquoi le Japon refuse-t-il de s'excuser ?

Yoshida : Nous l'avons fait, Amy. Là est le problème. Le Japon s'est excusé, et à plusieurs reprises, pour la Seconde Guerre mondiale. Toutes les quelques années, on accepte une mise en scène qui impose au Japon de demander pardon pour ses actes pendant la Seconde Guerre mondiale. Nous l'avons fait maintes et maintes fois. Permettez-moi quelques citations.

Voici un extrait d'une déclaration du premier ministre Tomiichi Murayama le 31 août 1994 : « Les actes du Japon lors d'une certaine période de son passé ont non seulement fait de nombreuses victimes ici, au Japon, mais laissé sur les peuples des pays d'Asie proches et lointains des cicatrices encore douloureuses. À cette occasion, j'affirme donc ma conviction, basée sur mon profond remords à l'égard de ces actes d'agression, ces règnes coloniaux et autres motifs de peines et de souffrances intolérables pour tant de victimes, que ce pays devra à l'avenir effectuer tous les efforts afin de contribuer à la paix du monde par le refus de la guerre. Il importe que nous autres, Japonais, regardions en face notre histoire commune avec les peuples des pays d'Asie proches et lointains. »

Et voici une déclaration de la Diète le 9 juin 1995 : « À l'occasion du 50e anniversaire de la fin de la Seconde Guerre mondiale, cette assemblée présente ses condoléances les plus sincères à ceux qui sont tombés au combat ainsi qu'aux victimes des conflits armés et des autres actions semblables dans le monde entier. À l'issue d'une réflexion solennelle sur les nombreux exemples de règnes coloniaux et d'actes d'agression qui nous amène à reconnaître que le Japon a commis de telles exactions par le passé, au point d'infliger souffrances et chagrins aux peuples d'autres pays, surtout en Asie, les membres de cette assemblée expriment un sentiment de profond remords. »

Je pourrais vous lire des dizaines de citations semblables. Le Japon s'est *bel et bien* excusé, Amy.

Pourtant, les organes de propagande de certains régimes hostiles à un Japon libre et prospère tentent de temps à autre d'exhumer des problèmes historiques déjà réglés, ceci afin de susciter la controverse. Quand ces manœuvres vont-elles enfin cesser ? N'oublions pas que des hommes par ailleurs intelligents se sont laissé devenir des outils de propagande. J'aimerais qu'ils prennent conscience de la manière dont on les utilise.

<u>*Rowe :*</u> Pr Wei, ce ne seraient pas des excuses, ça ?

<u>*Wei :*</u> Amy, je n'entends pas humilier le Japon. Je me consacre aux victimes et à leur souvenir, pas au théâtre.

Ce que je demande au Japon, c'est de reconnaître ce qu'il s'est passé à Pingfang. Je veux me focaliser sur les détails précis, et leur admission, pas sur des platitudes vides de sens.

Mais puisque l'ambassadeur Yoshida s'est appesanti sur le sujet des excuses, examinons-les de plus près, d'accord ?

Emphatiques, abstraits, les passages qu'il cite évoquent des souffrances non spécifiées. Il s'agit d'excuses au sens le plus dilué du terme. Monsieur l'Ambassadeur passe sous silence le refus sempiternel du gouvernement japonais de reconnaître maints crimes de guerre précis et d'honorer les vraies victimes.

Et chaque fois qu'intervient une de ces déclarations, suit une allégation d'un autre politicien nippon connu visant à jeter le doute sur ce qu'il s'est passé pendant la Seconde Guerre mondiale. Année après année, le Japon nous ressert cette comédie du Janus à deux visages.

Yoshida : Avoir des différences d'opinion sur l'histoire n'a rien d'inhabituel, Pr Wei. C'est ce qu'on peut s'attendre à rencontrer dans une démocratie.

Wei : En réalité, Monsieur l'Ambassadeur, le Japon traite toujours le sujet de l'Unité 731 de la même manière : depuis plus de cinquante ans, sa position officielle à son égard se résume au silence total, malgré l'accumulation incessante de preuves matérielles, y compris des restes humains, quant aux activités de l'Unité. Même son existence n'a été admise qu'au cours des années 1990, et le gouvernement ne cesse de nier qu'elle a mis au point et utilisé des armes biologiques durant la Guerre.

Il a fallu attendre 2005, avec une plainte de parents de victimes de l'Unité 731 réclamant une indemnisation, pour que la Haute cour de Tokyo finisse par reconnaître l'emploi par le Japon d'armes biologiques durant la Guerre. C'était la première fois qu'un organe officiel du gouvernement nippon faisait cet aveu. Vous remarquerez, Amy, que cette date se situe dix ans après les nobles déclarations citées par l'ambassadeur Yoshida. La Haute cour a par ailleurs refusé toute indemnisation.

Depuis lors, selon le gouvernement japonais, les preuves manquent toujours pour affirmer quelles expériences l'Unité 731 a menées et comment ses membres ont agi. Le déni et le silence officiels perdurent malgré les valeureux efforts de quelques chercheurs japonais pour établir la vérité.

Mais, depuis les années 1980, nombre d'ex-membres de l'Unité 731 se sont manifestés pour confesser les atrocités qu'ils ont commises. Nous avons corroboré et développé ces comptes-rendus à l'aide des rapports de témoins oculaires ayant effectué le voyage vers Pingfang. De jour en jour, on en apprend davantage sur les crimes de l'Unité 731. Nous comptons bien raconter les histoires de toutes ces victimes au monde entier.

Yoshida : Je doute que « raconter des histoires » relève du devoir de l'historien. Si vous voulez produire de la fiction, allez-y, mais ne prétendez pas qu'il s'agit d'histoire avec un grand H. Les affirmations sortant de l'ordinaire nécessitent des preuves sortant de l'ordinaire. Or il n'y a pas de preuves suffisantes pour fonder les accusations adressées au Japon.

Wei : Monsieur l'Ambassadeur Yoshida, vous affirmez donc qu'il ne s'est rien passé à Pingfang ? Que les rapports de l'autorité américaine d'occupation à l'issue de la Guerre sont des mensonges ? Que les passages des journaux intimes contemporains des officiers de l'Unité 731 en sont aussi ? Vous niez vraiment tout en bloc ?

Il y a une solution évidente. Acceptez-vous de faire le voyage de Pingfang ? Croirez-vous vos propres yeux ?

Yoshida : Je… je ne… j'établis une distinction entre… Écoutez, Pr Wei, c'était la guerre, et il se peut qu'il se soit produit des événements regrettables. Mais des « histoires » ne constituent en rien des preuves.

Wei : Acceptez-vous de faire le voyage ?

Yoshida : Non. Je ne vois aucun raison de me soumettre à votre procédé. Aucune raison d'éprouver les hallucinations de votre prétendu « voyage dans le temps ».

Rowe : Voilà de l'action !

Wei : Monsieur l'Ambassadeur, je serai clair. Contre les victimes de ces atrocités, les négationnistes commettent un nouveau crime. Non seulement ils soutiennent les meurtriers et les tortionnaires, mais ils effacent et réduisent au silence les victimes du passé. Ils les tuent une fois de plus.

Jusqu'à présent, ils avaient la tâche facile. À moins qu'on ne s'oppose avec vigueur à leur déni, les souvenirs perdaient leur netteté avec l'âge, les voix s'éteignaient dans la mort, et les négationnistes finissaient par l'emporter. Les personnes du présent devenaient les exploiteurs des morts. C'est ainsi qu'on a toujours écrit l'histoire.

On a maintenant atteint la fin de l'histoire. Nous avons, ma femme et moi, écarté les récits effectués a posteriori en offrant à tous l'occasion de voir le passé de ses propres yeux. À la place des souvenirs, nous disposons de preuves irréfutables. Au lieu d'exploiter les morts, il faut dévisager les agonisants. *J'ai vu ces crimes de mes propres yeux.* Et cela, vous ne pouvez pas le nier.

[Film d'archives du Pr Evan Wei prononçant le discours inaugural du Cinquième Congrès international d'études sur les crimes de guerre, à San Francisco, le 20 novembre 20XX. Avec l'aimable autorisation du Service des archives de l'université Stanford.]

L'histoire est affaire de narration. Dire les histoires vraies qui affirment et expliquent notre existence, telle est la tâche de l'historien. Mais la vérité est délicate et elle a des ennemis. Voilà pourquoi, même si nous autres, universitaires, devons la rechercher, nous prononçons rarement le mot « vérité » sans y adjoindre des ornements et des réserves.

À chaque fois que nous racontons une histoire sur une terrible atrocité comme l'Holocauste ou Pingfang, les forces du déni se disposent à l'attaque, à l'effacement, au silence, à l'oubli. L'histoire a toujours posé problème du fait de cette délicatesse de la vérité, et les négationnistes ont toujours pu recourir à l'expédient de traiter la vérité de fiction.

Il faut rester prudent quand on raconte une histoire sur une terrible injustice. Nous adorons les récits, mais on nous a aussi appris à nous défier d'un locuteur unique.

Certes, il est vrai qu'aucune nation, aucun historien ne peut raconter une histoire qui englobe tous les aspects de la vérité. Mais dire que les récits, parce que construits, sont tous à égale distance de la vérité est faux. La Terre n'est ni une sphère parfaite ni un disque, mais le modèle sphérique est plus proche de la réalité. Dans un même ordre d'idées, il y a des récits plus proches de la vérité que d'autres : il nous faut essayer de raconter l'histoire la plus proche de la vérité qu'il est humainement possible.

Le fait que nous ne détenions jamais un savoir total, idéal, ne nous absout en rien du devoir moral qui nous incombe de prononcer un jugement et de prendre position à l'encontre du mal.

Victor P. Lowenson, professeur d'Histoire d'Asie de l'est, directeur de l'Institut des hautes études d'Asie de l'est, Université de Californie à Berkeley :

On m'a traité de négationniste, et pire encore. Mais je ne n'ai rien d'un Japonais de droite persuadé que l'Unité 731 est un mythe. Je ne dis pas qu'il ne s'est rien passé. Je dis qu'hélas, il nous manque les preuves suffisantes pour établir avec certitude tout ce qui s'est passé.

J'ai un immense respect pour Wei, qui reste mon meilleur étudiant. Mais il a renoncé à la responsabilité de l'historien de s'assurer que la vérité n'est entachée d'aucun doute. Il a franchi la frontière qui sépare l'historien de l'activiste.

De mon point de vue, il s'agit moins d'idéologie que de méthodologie. Ce qui nous oppose, c'est la définition qu'on donne d'une *preuve.* Les historiens formés à l'occidentale ou à l'asiatique se sont toujours basés sur la documentation, or le Pr Wei donne désormais la primauté aux témoignages — des témoignages qui de plus proviennent d'individus non pas contemporains des événements, mais issus d'une époque ultérieure.

Cette démarche pose bien des problèmes. La psychologie et le droit nous ont appris à douter de la fiabilité des témoins oculaires. L'utilisation unique par nature du procédé Kirino soulève aussi des questions, car elle paraît détruire son objet d'étude et effacer l'histoire à laquelle

elle prétend permettre d'assister : impossible de revenir à un moment dont un autre témoin a fait l'expérience et qu'il a donc annihilé. Faute de pouvoir vérifier le compte-rendu d'un témoin, l'événement n'étant plus observable indépendamment, comment se baser sur un tel processus pour établir la vérité de l'événement ?

Je comprends bien que, du point de vue des défenseurs du Pr Wei, la vision brute de l'histoire se déroulant devant vous n'incite guère à mettre en question la preuve indélébile dans votre esprit. Mais cela ne suffit pas au reste d'entre nous. Le Procédé Kirino exige une foi aveugle : qui a vu l'ineffable ne doute en rien de son existence, mais cette clarté ne se reproduit pour personne. Nous voici donc coincés ici dans le présent à essayer de deviner le passé.

Le Pr Wei a mis fin à l'enquête rationnelle sur l'histoire pour la transformer en une religion personnelle. Ce qu'a vu un témoin, nul autre ne pourra jamais le revoir. C'est de la folie.

« Naoki », employé :

J'ai vu les vidéos des vieux soldats qui soi-disant avouent ces trucs horribles. Je ne les crois pas. Ils pleurent, ils crient, comme s'ils étaient fous. Les communistes s'y entendaient en lavage de cerveau. Pour moi, il ne fait aucun doute qu'ils y ont recouru pour ce complot.

J'entends encore un de ces vieillards décrire la gentillesse de ses gardes. Des gardes communistes *gentils* ! Si ce n'est pas la preuve d'un lavage de cerveau, ça...

Kazue Sato, femme au foyer :

Les Chinois fabriquent des mensonges. Par le passé, ils ont produit de faux aliments, de faux jeux Olympiques, de fausses statistiques. Leur histoire est pareillement fausse. Ce Wei est Américain, mais aussi Chinois, donc on ne peut rien croire de ce qu'il raconte.

Hiroshi Abe, soldat à la retraite :

Les soldats qui ont « avoué » ont déshonoré ce pays.

Intervieweur : À cause de ce qu'ils ont fait ?

À cause de ce qu'ils ont dit.

Ienaga Ito, professeur d'Histoire orientale, Université de Kyoto :

Notre époque attache beaucoup de valeur à l'authenticité et à la personnalisation, des traits qu'on espère trouver chez les auteurs de mémoires. Un témoignage de première main possède une immédiateté, une réalité qui force la croyance. Nous estimons qu'il transmet mieux la vérité que ne le fait une fiction. Mais, paradoxalement, peut-être, nous tendons à sauter sur la moindre déviation, la moindre incohérence par rapport aux faits dans de tels récits pour déclarer *l'ensemble* fictif. Cette démarche apparaît tranchée. Il faudrait admettre dès le départ que tout récit est par nature subjectif, bien que cela ne signifie en rien qu'il se révèle mensonger.

Evan était beaucoup plus radical que la plupart des gens le pensaient. Il cherchait à libérer le passé afin d'empêcher qu'il soit ignoré, chassé de nos pensées ou mis au service du présent. Offrir à chacun le loisir d'assister à l'histoire dans son contexte et de ressentir le passé signifie que ce dernier redevient vivant, qu'il retrouve le présent.

En somme, Evan a transformé la recherche historique en une forme d'écriture de mémoires. Cette sorte d'expérience émotionnelle joue un rôle crucial dans notre représentation du passé, dans nos prises de décision. La culture résulte de la raison, mais aussi d'une empathie viscérale et réelle. Je crains que, dans les réactions japonaises d'après-guerre face à l'histoire, ce soit l'empathie qui manque avant tout.

Tenter de rajouter l'empathie et l'émotion aux recherches historiques lui a valu l'opprobre de l'élite universitaire. Or, mêler à l'histoire la subjectivité du récit personnel renforce la vérité au lieu d'en détourner. Accepter notre fragilité et notre subjectivité n'est pas renoncer à notre responsabilité morale de dire la vérité, même, et surtout, si « la vérité », loin d'être unique, devient pluralité d'expériences partagées qui, ensemble, composent notre humanité.

Bien sûr, attirer l'attention sur l'importance et la primauté des témoignages directs met en lumière un nouveau danger. L'argent et l'équipement adéquats permettent d'éliminer les particules Bohm-Kirino d'une période et d'un lieu donnés, donc de dérober l'événement concerné à un vécu personnel. Sans le vouloir, Evan a inventé la technologie capable de mettre un terme définitif à l'histoire en nous privant, nous et toutes les générations futures, de l'expérience émotionnelle du passé à laquelle il accordait un tel prix.

Akemi Kirino :

Les années qui ont suivi la signature du Moratorium sur le voyage temporel ont été difficiles. Evan s'est vu refuser sa titularisation lors d'un vote très serré, et l'éditorial de son vieil ami et professeur Victor Lowenson dans le *Wall Street Journal* qui le traitait d'« instrument de propagande » l'a blessé au plus profond. Il y avait aussi, quotidiennement, les menaces de mort et le harcèlement téléphonique.

Il a surtout dû souffrir de ce que j'ai subi. Au plus fort des attaques des négationnistes, le service informatique du MIT m'a demandé si j'acceptais de ne plus figurer sur la page d'annuaire de la faculté. Chaque fois que j'apparaissais dans la liste du personnel enseignant, le site se retrouvait piraté en l'espace de quelques heures et ma bio remplacée par des images illustrant ce que ces types si courageux, si éloquents, me feraient si je tombais entre leurs mains. Et vous vous souvenez sans doute des reportages sur ce qu'il m'est arrivé le soir où je suis rentrée toute seule à pied de mon travail.

Je préfère passer sur cette époque, si vous le permettez.

Pour essayer d'échapper au pire, on a déménagé à Boise. On a fait profil bas, inscrit notre numéro sur la liste rouge, vécu cachés. Il prenait des antidépresseurs. Le week-end, on randonnait dans le chaînon Sawtooth. Evan cartographiait les mines abandonnées et les villes fantômes de la ruée vers l'or. On a renoué avec le bonheur. Il semblait aller mieux. Ce séjour en Idaho m'a rappelé la douceur du monde : tout n'y est pas qu'obscurité et déni.

Mais mon mari se trouvait perdu. Il estimait fuir la vérité. Je savais qu'il se sentait écartelé entre son devoir à l'égard du passé et sa loyauté envers le présent, envers moi.

Comme je ne supportais plus de le voir déchiré, je lui ai demandé s'il voulait redescendre dans l'arène.

On a repris l'avion pour Boston. La situation avait encore empiré. Evan avait cherché à extirper l'histoire de sa gangue *historique*, à donner au passé des moyens d'expression dans le présent, mais cela dérapait. Le passé était bien revenu à la vie, sauf que le présent, confronté à ce retour, avait choisi de rhabiller l'histoire avec les atours de la religion.

Plus Evan en faisait, plus il lui paraissait devoir en faire. Au lieu de venir au lit, il s'endormait sur son bureau. Là, il écrivait, il écrivait, il écrivait, sans répit. Il s'estimait obligé de réfuter seul tous les mensonges, d'affronter seul tous ses ennemis. Même cela ne suffisait pas. Impuissante, j'assistais à cette débâcle.

« Je me dois de parler pour eux, puisqu'ils n'ont personne d'autre », me répétait-il.

À ce moment-là, peut-être vivait-il dans le passé plus que dans le présent. Même s'il n'avait plus accès à notre engin, il revivait en pensée, constamment, les voyages qu'il avait effectués. Il pensait avoir trahi les victimes.

Il leur avait fait défaut. Une vaste responsabilité lui était échue : il avait tenté de dénoncer une immense injustice, or, en s'y attaquant, il lui semblait n'avoir contribué qu'à aviver le déni, la haine et le silence.

Extraits de The Economist, *26 novembre 20XX*

[Une voix de femme, calme, posée, lit le texte de l'article tandis que l'objectif survole l'océan, les plages, les forêts, et enfin les collines de Mandchourie. L'ombre du petit avion au sol permet de constater que la caméra filme par la porte ouverte de l'appareil. Un poing fermé entre dans le cadre. Les doigts s'ouvrent. Des cendres noires se répandent dans l'air.]

Nous approchons du 90e anniversaire de l'incident de Mukden, début de l'invasion japonaise en Chine. À ce jour, cette guerre reste l'alpha et l'oméga des relations entre les deux pays.

...

[Des photos des chefs de l'Unité 731 défilent. La voix de la femme diminue, puis augmente.]

...

Les hommes de l'Unité 731 ont mené de belles carrières dans le Japon d'après-guerre. Trois d'entre eux ont cofondé la Banque du sang (qui deviendrait la Croix Verte, la plus grande compagnie pharmaceutique nippone) et employé des méthodes de congélation et de dessiccation mises au point grâce à des expérimentations humaines pour fabriquer des produits sanguins vendus un bon prix à l'armée américaine. Le commandant de l'Unité 731, le général Shiro Ishii, aurait passé quelque temps au Maryland après la guerre à mener des recherches sur des armes biologiques. Des articles ont paru, utilisant des données obtenues sur des sujets humains, y compris des nourrissons (pour dissimuler cette pratique, on substituait parfois le mot « singe »), et il se peut que des publications médicales modernes citent ces résultats, faisant de nous tous les bénéficiaires involontaires de ces atrocités.

…

[La voix se tait, noyée dans le bruit du moteur de l'avion. À l'écran, on voit des images de heurts entre des manifestants qui agitent des drapeaux japonais et chinois, dont certains en feu. Puis la femme reprend la parole.]

…

De nombreuses voix à l'intérieur comme à l'extérieur du Japon ont contesté les témoignages des membres survivants de l'Unité 731 : ces hommes sont âgés, soulignent-elles ; ils perdent la mémoire ; ils peuvent rechercher l'attention, ou souffrir de troubles mentaux ; les communistes chinois ont pu leur infliger un lavage de cerveau ; se baser seulement sur leurs déclarations représente une manière peu judicieuse d'établir des faits historiques. Les Chinois comparent ces excuses à celles des négationnistes du massacre de Nankin et d'autres atrocités japonaises.

Année après année, l'histoire s'élevait tel un mur de plus en plus infranchissable entre les deux peuples.

[Des photos d'Evan Wei et d'Akemi Kirino défilent. Ils sourient sur les premières. Sur les suivantes, Kirino paraît lasse, distante, impassible, Wei provocant, colérique, puis désespéré.]

Evan Wei, un jeune spécialiste sino-américain du Japon de l'époque de Heian, et Akemi Kirino, une physicienne expérimentale nippo-américaine, n'évoquaient en rien des révolutionnaires capables d'amener le monde à deux doigts de la guerre. Mais l'histoire sait se jouer de nos attentes.

Si les preuves posaient problème, ils avaient le moyen d'en fournir d'irréfutables : vous pouviez regarder l'histoire en train de se dérouler, comme une pièce de théâtre.

Tous les gouvernements se sont déchaînés. Pendant que Wei envoyait des parents des victimes de l'Unité 731 vers le passé pour témoigner des horreurs commises dans les salles d'opération et les cellules de Pingfang, la Chine et le Japon se déchiraient devant les tribunaux et les caméras en tâchant d'asseoir leurs revendications antagonistes sur la juridiction du passé. Traînés contre leur volonté dans ce conflit, les États-Unis ont invoqué la sécurité nationale pour mettre sous cloche la machine de Wei quand ce dernier a dévoilé son intention d'enquêter sur l'usage américain présumé d'armes biologiques (peut-être dérivées des recherches de l'Unité 731) durant la Guerre de Corée.

Les Arméniens, les Juifs, les Tibétains, les Amérindiens, les Indiens, les Kikuyus, les descendants des esclaves au Nouveau Monde — partout sur la planète, des groupes de victimes exigeaient d'utiliser la machine, les uns de peur que leur passé ne se voit effacé par le pouvoir, les autres par désir d'utiliser l'histoire pour obtenir une avancée politique. Par ailleurs, les pays qui soutenaient de prime abord l'accès à la machine ont hésité une fois les conséquences possibles manifestes : les Français voulaient-ils revivre la dépravation de leur pays sous Vichy, les Chinois les horreurs qu'ils s'étaient infligées au cours de la Révolution culturelle, les Anglais les génocides qui avaient assis leur Empire ?

Avec une célérité notable, les démocraties comme les dictatures ont signé le Moratorium sur le voyage temporel tandis qu'elles examinaient dans leurs moindres détails les règles sur la répartition de la juridiction du passé. Chacun, semblait-il, préférait s'occuper plus tard de l'histoire.

Selon Wei, « l'histoire écrite n'a qu'un but : concevoir le récit cohérent d'un ensemble de faits. Nous sommes restés enlisés trop longtemps dans la controverse sur la justesse de ces faits. Le voyage temporel mettra la vérité à portée de vue, comme si on regardait par la fenêtre. »

Mais il n'a pas servi sa cause en expédiant par le biais de son engin, au lieu d'historiens professionnels, de nombreux parents chinois des victimes de l'Unité 731. (Les choses auraient-elles tourné différemment avec l'envoi d'historiens avérés ? On aurait pu accuser ces gens de le soutenir, ou les visions de n'être que des inventions de la machine.) En tout cas, ces parents, observateurs sans formation, ont fait des témoins médiocres. Ils échouaient à répondre aux questions des sceptiques sur leurs observations. (« Les uniformes des médecins nippons comportaient-ils des poches de poitrine ? Combien de prisonniers au total se trouvaient dans le camp à ce moment-là ? ») Ils ne comprenaient pas ce que disaient les japonais qu'ils entendaient parler durant leurs voyages. Leur rhétorique avait la mauvaise habitude de faire écho à celle de leur gouvernement qui éveillait la méfiance. D'une reformulation à l'autre, leurs comptes-rendus présentaient des divergences. En outre, le fait qu'ils fondent en larmes face caméra apportait de l'eau au moulin des sceptiques qui soutenaient que Wei se préoccupait davantage de catharsis émotionnelle que d'enquête historique.

La critique le scandalisait. On avait commis des atrocités à Pingfang et la planète s'en lavait les mains. Comme on détestait le gouvernement chinois, le monde entier soutenait le Japon. Savoir si les médecins négligeaient d'anesthésier tous les gens sur lesquels ils pratiquaient la vivisection ou seulement certains d'entre eux, si la plupart des victimes étaient des prisonniers politiques, des villageois innocents raflés dans des raids ou des criminels de droit commun, si Ishii savait qu'on utilisait des bébés et des nourrissons pour les expériences, tout cela lui paraissait hors sujet. Qu'on se focalise sur des détails comme la tenue des médecins afin de discréditer ses témoins lui semblait indigne d'une réponse.

Il poursuivait ses voyages dans le passé lorsque d'autres historiens sensibles aux promesses de la technologie émirent des objections. L'histoire, apparaissait-il, était une ressource limitée. Chaque expédition prélevait sa part irremplaçable. Wei criblait le passé de trous, le changeait en gruyère. De même que les premiers archéologues avaient annihilé des sites entiers afin d'en extraire quelques objets précieux, condamnant à l'oubli des informations vitales, Wei effaçait l'histoire même qu'il s'efforçait de préserver.

Lorsqu'il a sauté devant une rame de métro à Boston, vendredi dernier, le passé le hantait sans doute. Peut-être se reprochait-il le soutien involontaire apporté par son travail aux forces du déni. En cherchant à donner une voix aux victimes d'une terrible injustice, il n'avait guère réussi qu'à en réduire certaines au silence, à jamais.

Akemi Kirino :

[Le Pr Kirino nous parle devant la tombe d'Evan Wei. Par ce beau matin de mai ensoleillé en Nouvelle-Angleterre, ses cernes la font paraître plus âgée, plus fragile.]

Je n'ai caché qu'une chose à Evan. Deux, en fait.

D'abord, mon grand-père. Il est mort avant ma rencontre avec Evan, que je n'ai jamais emmené voir sa tombe qui se situe en Californie. Je me suis bornée à dire que je préférais le garder pour moi et je ne lui ai jamais dit son nom.

Ensuite, un voyage dans le passé, le seul que j'aie fait. On était à Pingfang. J'ai rejoint le 9 juillet 1941. Grâce aux descriptions et aux plans, je connaissais l'agencement du camp. J'ai évité les cellules, les laboratoires, et gagné le bâtiment du commandement.

J'ai fini par localiser le bureau du Directeur des études de pathologie. Lui-même s'y trouvait : un très bel homme, grand, mince, le dos droit. Il rédigeait une lettre. Je savais qu'il avait trente-deux ans, soit mon âge à l'époque.

J'ai regardé par-dessus son épaule. Il avait une écriture impeccable.

> J'ai fini par trouver mes marques au travail, où tout se passe à merveille. Le Mandchoukouo est très beau. Les champs de sorgho s'étendent à perte de vue, comme l'océan. Les vendeurs des rues font un excellent tofu à base de germes de soja frais qui

embaume. Pas tout à fait aussi bon que le tofu japonais, mais délicieux.

Harbin te plaira. Depuis le départ des Russes, les rues montrent un mélange harmonieux des cinq races : les Chinois, les Mandchous, les Mongols et les Coréens s'inclinent au passage de nos soldats bien-aimés et de nos colons : ils sont ravis de la liberté et de la richesse que nous apportons dans ce beau pays. Il aura fallu une décennie pour le pacifier et pour éliminer les bandits communistes qui ne constituent plus guère qu'un tracas occasionnel. La plupart des Chinois, désormais dociles, ne présentent aucun danger.

Mais ce qui occupe mes pensées, maintenant, quand le travail m'en laisse le loisir, c'est toi, et Naoko. C'est pour son bien que toi et moi vivons séparés. C'est pour son bien et celui de sa génération que nous consentons ces sacrifices. Même si je regrette fort de manquer son premier anniversaire, je me réjouis de voir la Sphère de coprospérité de la grande Asie orientale s'épanouir dans cet arrière-pays reculé mais prospère. Ici, on sent bien que notre Japon représente le phare de l'Asie, son salut.

Garde courage, ma chérie, et souris. Nos sacrifices actuels signifient que Naoko et ses propres enfants verront l'Asie, libérée du joug des tueurs et des voleurs européens qui pour l'heure la piétinent et souillent sa beauté, prendre sa juste place dans le monde. Ce beau jour, nous le fêterons quand nous chasserons enfin les Anglais de Hong Kong et de Singapour.

Mer rouge de sorgho
Bols parfumés de germes de soja
Je ne vois que toi
Et elle, notre trésor.
Si seulement tu pouvais être là.

Ce n'était pas la première fois que je lisais cette lettre. Je l'avais déjà vue, toute petite. Il s'agissait d'un des biens que ma mère chérissait le plus et je me rappelle l'avoir priée de m'expliquer tous les caractères délavés.

« Il était très fier de son érudition, disait-elle. Il concluait toutes ses lettres par un *tanka.* »

La démence sénile de Grand-père était déjà bien entamée. Souvent, il me confondait avec ma mère et m'appelait par son nom. Et il m'apprenait à faire des animaux en origami. Il avait des doigts agiles — des doigts de chirurgien.

Je l'ai regardé achever sa lettre et la plier, puis il a quitté son bureau pour gagner son laboratoire où je l'ai suivi. Il se préparait pour une expérience, ses instruments et son carnet alignés sur la paillasse.

Il a hélé un des aides médicaux auquel il a demandé de lui apporter quelque chose. L'autre est revenu dix minutes plus tard en tenant un plateau sur lequel fumait, au lieu d'un plat de tofu, une masse ensanglantée : un cerveau humain qu'on venait de prélever sur un corps. Je voyais la chaleur qui en montait.

Mon grand-père a hoché la tête. « Très bien. Tout frais. Ce sera parfait. »

Akemi Kirino :

Il m'est arrivé de regretter qu'Evan ait été chinois comme il m'est arrivé de regretter d'être japonaise. Ce n'étaient que des instants de faiblesse. Je ne le pensais pas vraiment. Nous naissons au beau milieu des courants de l'histoire. Il faut les négocier sous peine de nous y engloutir, au lieu de déplorer notre sort.

Depuis que j'ai pris la nationalité américaine, j'entends répéter que ce qui définit les États-Unis, c'est la possibilité de laisser son passé derrière soi. Cette attitude me dépasse. On ne peut pas davantage laisser son passé derrière soi que sa peau.

Le besoin de plonger dans le passé, parler pour les morts, retrouver leurs histoires, voilà ce qui définissait Evan. Voilà pourquoi je l'aimais. Pourtant, mon grand-père participe de ma propre histoire. Il agissait au nom de ma mère, de moi-même, de mes enfants. Je suis responsable de ses péchés au même titre que je m'enorgueillis de la tradition d'un grand peuple — lequel, du temps de mon grand-père, a commis de terribles atrocités.

Au cours d'une période anormale, il a effectué des choix anormaux. Certains en prendraient peut-être prétexte pour affirmer qu'on ne peut pas le juger. Or, comment peut-on juger qui que ce soit, sinon dans les circonstances les plus anormales ? Quand le calme règne, rester civilisé et posé ne présente aucun problème, mais votre véritable personnalité n'émerge que dans les ténèbres et sous la pression ; s'agit-il alors d'un diamant ou d'un simple morceau de charbon ?

Toutefois mon grand-père n'était pas un monstre, mais un homme au courage moral des plus ordinaire qui a manifesté une capacité au mal le plus absolu, à sa honte et à la mienne. Le « monstre » vient par définition d'un autre monde, sans rapport avec le nôtre. Brandir ce terme revient à trancher les liens d'affection et d'angoisse, à affirmer notre supériorité, mais on n'apprend rien, on ne découvre rien. C'est simple, et lâche. Je sais à présent qu'il faut s'identifier à un homme comme mon grand-père pour mesurer l'horrible souffrance qu'il a causée. Il n'y a pas de monstre. Le monstre, c'est nous.

Pourquoi n'ai-je pas parlé de mon grand-père à Evan ? Je l'ignore. Par lâcheté, je suppose. J'avais peur qu'il ne voie en moi une souillure, une corruption du sang. Puisque je me révélais alors incapable de m'identifier à mon grand-père, je craignais qu'Evan se révèle incapable de s'identifier avec moi. J'ai donc enfermé cette histoire, caché une part de moi-même à mon époux. Je croyais parfois emporter ce secret dans ma tombe et ainsi effacer à jamais l'histoire de mon grand-père.

Je le regrette, à présent qu'Evan a disparu. Il méritait de connaître sa femme dans sa totalité, dans son ensemble, et j'aurais dû lui faire confiance plutôt que réduire au silence l'histoire de mon grand-père, qui est aussi la mienne. Evan est mort en croyant qu'exhumer plus d'histoires poussait les gens à douter de leur véracité. Il avait tort. La vérité n'a rien d'une fleur délicate et ne souffre pas du déni : elle ne meurt qu'à partir du moment où on étouffe les vraies histoires.

Ce besoin de parler, de raconter l'histoire, je le partage avec les anciens membres de l'Unité 731 qui vieillissent et qui meurent, avec les descendants des victimes, avec les horreurs indicibles. Le silence des victimes du passé impose au présent le devoir de recouvrer leurs voix. C'est assumer ce fardeau de notre plein gré qui nous libèrera.

[Le Pr Kirino parle hors-champ, tandis que la caméra fait un panoramique vers le ciel clouté d'étoiles.]

Il y a dix ans qu'Evan est mort, et le Moratorium demeure en place. Nous ne savons toujours pas quoi faire au juste de ce passé aisément accessible, un passé qui ne se laissera pas réduire au silence ou à l'oubli. Pour l'heure, nous hésitons.

Evan est mort en croyant qu'il avait sacrifié le souvenir des victimes de l'Unité 731 et effacé à jamais les traces que leur vérité avait laissé dans notre monde, sans rien obtenir en contrepartie. Il se trompait. Même une fois les particules de Bohm-Kirino disparues, les photons qui dépeignent ces souffrances insupportables et ces actes d'héroïsme discret poursuivent leur trajet sous la forme d'une sphère lumineuse en expansion dans le vide spatial.

Levez les yeux vers les étoiles. Nous sommes bombardés par une lumière générée le jour où la dernière victime est morte à Pingfang, où le dernier train est arrivé à Auschwitz, où le dernier Cherokee a quitté la Géorgie. Et nous savons que les habitants des mondes lointains, s'ils nous observent, finiront par observer ces moments qui s'éloignent d'ici à la vitesse de la lumière. Il n'est pas possible de capturer tous ces photons, d'effacer toutes ces images. Ils constituent une trace permanente, le témoignage de notre existence, l'histoire que nous racontons à l'avenir. À chaque instant, alors que nous parcourons cette terre, les yeux de l'univers nous contemplent, et ils nous jugent.

Trop longtemps, nous tous, historiens compris, avons agi en exploiteurs des morts. Mais le passé n'est pas mort. Il est avec nous. Où que nous allions, nous sommes bombardés de champs de particules de Bohm-Kirino qui nous permettent de voir ce passé, comme si on regardait par la fenêtre. L'agonie des morts nous accompagne. Nous entendons leurs cris. Nous cheminons parmi leurs fantômes. Impossible de détourner le regard, de se boucher les oreilles. Il nous faut témoigner ; il nous faut parler pour ceux qui ne le peuvent pas. Nous n'avons qu'une occasion de bien faire.

Notes de l'auteur

Ce texte est dédié à la mémoire d'Iris Chang et de toutes les victimes de l'Unité 731.

L'idée d'écrire un récit sous forme de documentaire m'est venue à la lecture de la nouvelle « Aimer ce que l'on voit : un documentaire », de Ted Chiang.

J'ai consulté les sources suivantes à titre de recherches. Je tiens à remercier leurs auteurs. Toute erreur éventuelle dans l'usage de leurs données et de leurs réflexions ne saurait être que de mon fait.

Pour l'expression « les exploiteurs des morts » et l'histoire du Japon de l'époque Heian et d'autres périodes prémodernes :

Totman, Conrad. *A History of Japan, Second Edition.* Malden, MA : Blackwell Publishing, 2005.

Pour l'histoire de l'Unité 731 et les expériences effectuées par son personnel :

Gold, Hal. *Unit 731 Testimony*, Tokyo : Tuttle Publishing, 1996.

Harris, Sheldon H. *Factories of Death : Japanese Biological Warare 1932-1945 and the American Cover-Up*, New York : Routledge, 1994.

(J'ai consulté par ailleurs quantité d'articles de journaux, d'interviews et d'analyses. Leurs auteurs incluent, entre autres, Keiichi Tsuneishi, Doug Struck, Christopher Reed, Richard Lloyd Parry, Christopher Hudson, Mark Simkin, Frederick Dickinson, John Dower, Tawara Yoshifumi, Yuki Tanaka, Takashi Tsuchiya, Tien-wei Wu, Shane Green, Friedrich Frischknecht, Nicholas Kristof, Jun Hongo, Richard James Havis, Edward Cody et Judith Miller. Je les remercie et je regrette de ne pouvoir, faute de place, lister les sources de façon individuelle.)

Pour les descriptions des vivisections et des sessions d'entraînement à la chirurgie sur des victimes chinoises vivantes menées par les médecins japonais, leur traitement comme prisonniers après la Guerre et les réactions du Japon d'après-guerre aux souvenirs de la Guerre :

Noda, Masaaki. « Japanese Atrocities in the Pacific War : One Army Surgeon's Account of Vivisection on Human Subjects in China », *East Asia : An International Quarterly*, 18:3 (2000) 49-91.

Notez bien que, selon des témoignages et autres sources, les médecins japonais de l'Unité 731 avaient pour habitude d'infecter leurs victimes en portant des tenues protectrices, ceci afin d'éviter que des prisonniers qui auraient résisté les contaminent tout en se débattant.

Divers aspects des souvenirs de Shiro Yamagata post-Unité dérivent des expériences vécues par Ken Yuasa (un médecin militaire japonaise qui *n'était pas* membre de l'Unité 731) telles que relatées dans l'article de Noda.

La nécrologie d'Evan Wei dérive de celle d'Iris Chang dans l'*Economist* du 25 novembre 2004.

Les minutes du Sous-comité sur l'Asie, le Pacifique et l'Environnement global dérivent des minutes de l'audience du 15 février 2007 de ce même sous-comité à propos de la Résolution 121 de la Chambre des représentants concernant l'asservissement de femmes pour des motifs sexuels par le Japon en temps de guerre (dites « femmes de confort »).

Austin Yoder m'a fourni des images modernes de Pingfang, de Harbin et du Musée des crimes de guerre de l'Unité 731.

Les déclarations négationnistes attribuées à l'« homme de la rue » dérivent de commentaires sur des sites web, ainsi que de communications d'individus soutenant de telles opinions avec l'auteur.

Le Bélial'

À paraître aux éditions du
BÉLIAL'

Poul ANDERSON :
Le Crépuscule de la Hanse
(*La Hanse galactique* T. 5), roman
Jean BARET :
Vie™, roman
Stephen BAXTER :
Diagrammes du vide, nouvelles
Robert Jackson BENNETT :
Vigilance, court roman
Michel DEMUTH :
Les Galaxiales, l'intégrale, nouvelles
Claude ECKEN :
Le Monde tous droits réservés (rééd. nouvelle couverture), nouvelles
Jack FINNEY :
Body Snatchers, roman
Daryl GREGORY :
Harrison au carré, roman (édition illustrée par Nicolas Fructus)
Dave HUTCHINSON :
Acadie, court roman
Caitlin R. KIERNAN :
Agents of Dreamland, court roman (titre provisoire)
Ken LIU :
Jardins de poussière, nouvelles (collection « Quarante-Deux »)
Ian McDONALD :
Time Was, court roman (titre provisoire)
Larry NIVEN & Jerry POURNELLE :
La Troisième main (titre provisoire),
La Paille dans l'Œil de Dieu T.2, roman
Ada PALMER :
Trop semblable à l'éclair, Terra Ignota T.1, roman
Sept redditions, Terra Ignota T.2, roman
Lucius SHEPARD :
Abimagique, court roman

Le Bélial'

ISBN : 978-2-84344-909-3
Dépot légal : à parution
Numéro d'impression : 302037

Cet ouvrage, le 226e des éditions du Bélial',
le 6e de la collection « Une heure-lumière »,
a été achevé d'imprimer en février 2023
par **N**ouvelle **I**mprimerie **L**aballery, 58500 Clamecy

Imprimé en France (sol-3)